高僧和讃講義（三）

—道綽・善導—

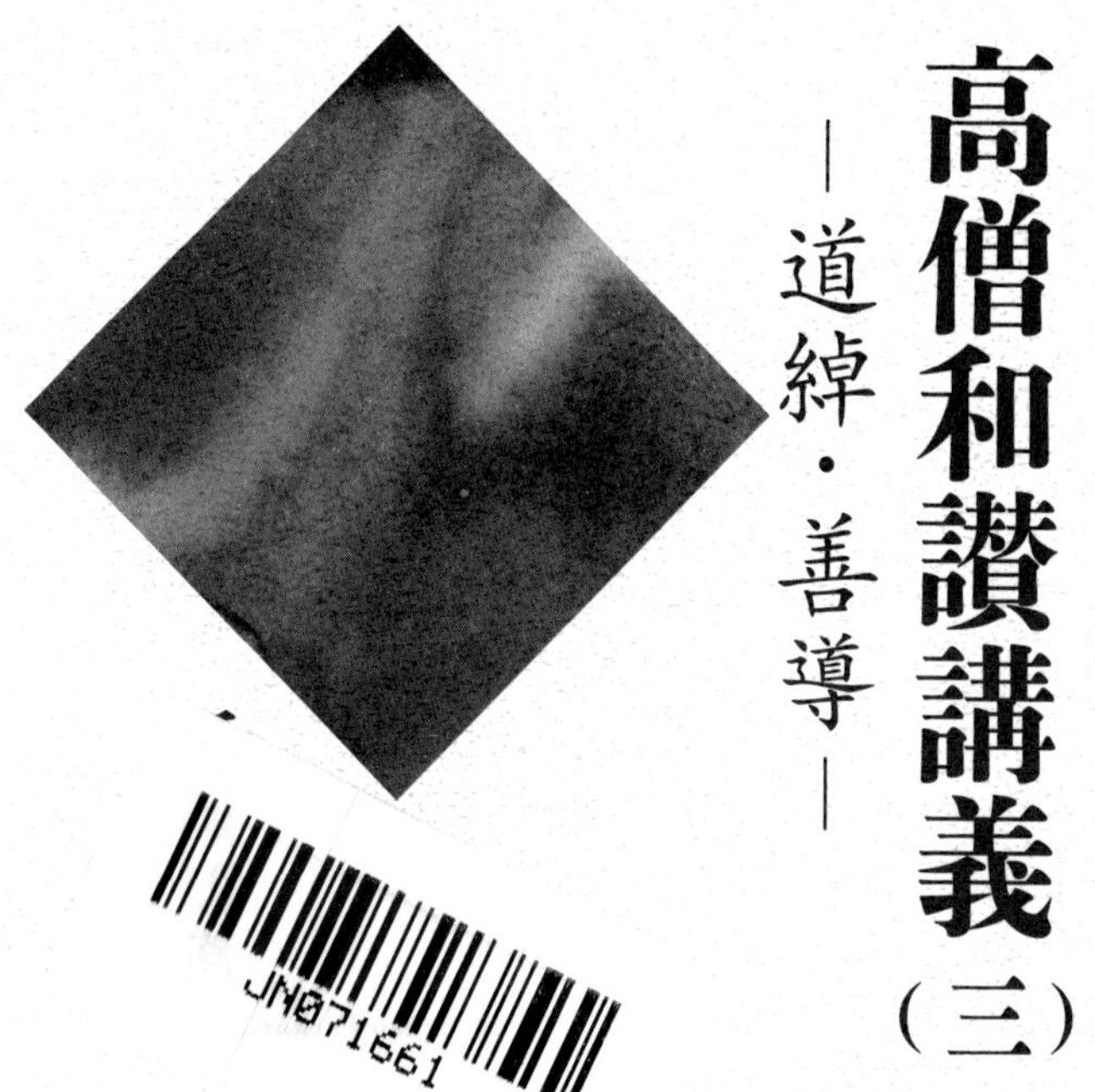

方丈堂出版
Octave

目次

第四部　道綽和讃

道綽和讃　第一講

一、「三不三信の誨」の復習

道綽和讃

一　本師道綽禅師は
　　聖道万行さしおきて
　　唯有浄土一門を
　　通入すべきみちととく

二　本師道綽大師は
　　涅槃の広業さしおきて
　　本願他力をたのみつつ

五濁の群生すすめしむ

三　末法五濁の衆生は
聖道の修行せしむとも
ひとりも証をえじとこそ
教主世尊はときたまえ

四　鸞師のおしえをうけつたえ
綽和尚はもろともに
在此起心立行は
此是自力とさだめたり

五　濁世の起悪造罪は
暴風駛雨にことならず
諸仏これらをあわれみて
すすめて浄土に帰せしめり

六　一形悪をつくれども
専精にこころをかけしめて
つねに念仏せしむれば

諸障自然にのぞこりぬ
七　縦令一生造悪の
衆生引接のためにとて
称我名字と願じつつ
若不生者とちかいたり
已上道綽大師

（『真宗聖典』四九四〜四九五頁）

これから、今、皆さんが拝読してくださった道綽の和讃に入っていきましょう。全部で七首の和讃が詠われています。道綽和讃は、七祖の中で数が一番少ないのです。だからといって、内容が薄いわけではありません。曇鸞との関わりはもちろん、善導、そして、法然へと展開する大事な仕事をした祖師です。そのことを念頭に置きながら、道綽和讃を見ていきたいと思います。

少し復習になりますが、大切だと思いますので、述べさせていただきます。前回までお話ししてきたように、曇鸞和讃の最後は、『浄土論註』下巻の讃嘆門釈、特に、「不淳・不一・不相続」という三不信に関わる和讃で終わっていきます。全部で三十四首の和讃が詠われますが、その二十七首目から三十三首目の和讃が次のように詠われます。

二十七　無碍光如来の名号と
　かの光明智相とは
　無明長夜の闇を破し
　衆生の志願をみてたまう

二十八　不如実修行といえること
　鸞師釈してのたまわく
　一者信心あつからず
　若存若亡するゆえに

二十九　二者信心一ならず
　決定なきゆえなれば
　三者信心相続せず
　余念間故とのべたまう

三十　三信展転相成す
　行者こころをとどむべし
　信心あつからざるゆえに
　決定の信なかりけり

三十一　決定の信なきゆえに
　念相続せざるなり
　念相続せざるゆえ
　決定の信をえざるなり
三十二　決定の信をえざるゆえ
　信心不淳とのべたまう
　如実修行相応は
　信心ひとつにさだめたり
三十三　万行諸善の小路より
　本願一実の大道に
　帰入しぬれば涅槃の
　さとりはすなわちひらくなり

（『真宗聖典』四九三～四九四頁）

曇鸞和讃にこんなに長く三不信に関わることが詠われて、どうしてそれで終わっていくのか。私の長い間の疑問でした。それは、前講で述べたように、曇鸞の三不信を道綽が継承して、「三不三信の誨」（『真宗聖典』二〇六頁）として、あらためて『安楽集』の中で明らかにしてくださったわけです。

そのことを示すために、曇鸞和讃の最後が三不信で終わるのだろうと思います。このように、「世尊我一心」(『真宗聖典』一三五頁)という『大経』の信心を教学的に完成させた曇鸞の思想を、『観経』による善導の二種深信へと橋渡しする役目を果たした祖師が道綽です。

その意味で、曇鸞が明らかにした『大経』の信心を、道綽は「三不三信の誨」として継承し、親鸞はそれを、『教行信証』「信巻」の「三心一心問答」と「化身土巻」の「三経一異の問答」として展開した、と考えることができます。それだけに、親鸞が大切にするのです。

道綽の「三不三信の誨」は、『安楽集』の第二大門の「広く問答を施す」の中にありますので、そこを見てみましょう。

問うて曰く。もし人ただ弥陀の名号を称念すれば、よく十方の衆生の無明の黒闇を除きて、往生を得といわば、しかるに衆生ありて名を称し憶念すれども、しかも無明なおありて所願を満てざるは何の意ぞ。答えて曰く。如実修行せざる、名義と相応せざるに由るが故なり。所以は何、謂わく、如来はこれ実相身、これ為物身なりと知らざればなり。また三種の不相応あり、一には信心淳からず、存せるがごとし亡ぜるがごときの故に。二には信心一ならず、謂わく、決定なきが故に。三には信心相続せず、謂わく余念間つるが故に。迭相に収摂す。

(『真宗聖教全書』一・四〇五頁)

この文のもとになった、『浄土論註』の讃嘆門釈もあわせて見てみましょう。

「如彼名義欲如実修行相応」は、かの無碍光如来の名号は、よく衆生の一切の無明を破し、よく衆生の一切の志願を満てたまう。しかるに名を称し憶念することあれども、無明なお存して、所願を満てざるは何となれば、如実修行せざると、名義と相応せざるに由るが故なり。いかんが如実修行せざると、名義と相応せざるとなるとならば、いわく、如来はこれ実相の身なり、これ物のための身なりと知らざるなり。また三種の不相応あり。一には信心淳からず、存するがごとし亡ずるがごとき故に。二には信心一ならず、決定なきが故に。三には信心相続せず、余念間つるが故なり。この三句展転してあい成ず、信心淳からざるを以ての故に決定なし、決定なきが故に念相続せず、また念相続せざるが故に決定の信を得ず、決定の信を得ざるが故に心淳からざるべし。これと相違せるを「如実修行相応」と名づく。この故に論主建めに「我一心」と言えり。

（『真宗聖教全書』一・三二四頁）

『安楽集』の文の最初のほうは、『浄土論註』と同じように、弥陀の名号を称念すれば、その智慧によって無明が破られ往生を得ると言われます。これを受けて、称名念仏しても無明が破れないのはなぜかを問うて、如来は実相身・為物身であると知らないからだと答えます。そしてその後に、「三種の不相応」として「不淳・不一・不相続」が説かれて、「謂わく、余念間つるが故に。迭相に収摂す」と言われます。この言葉は、三不信がいつまでも止まらずに、お互いに補完し合ってぐるぐる回るという意味です。ですから、ここまでは『浄土論註』と同じことが述べられているのです。

ところが、それに続けて、

もし能く相続すれば、則ちこれ一心なり。ただ能く一心なれば、即ちこれ淳心なり。

（『真宗聖教全書』一・四〇五頁）

と説かれます。『浄土論註』の讃嘆門釈と比べると、ここだけが違うのです。曇鸞は「不淳・不一・不相続」の三不信だけを言いますが、道綽は三不信を踏まえ、それとは反対の「淳心・一心・相続心」の三信を説いています。「三不三信の誨」といっても、ただこれだけのことなのです。そしてこの次に、

この三心を具して、もし生まれずといわば、この処あることなけん。

（同上）

という重要な言葉が出てきます。この言葉は「三不三信の誨」全体を受けて述べられるのですから、

道綽は、この言葉によって全体の意味を告げようとしているのです。「この三心を具して（具此三心）」という言葉は、『観経』の散善が説かれる最初に、次のように出てきます。

もし衆生ありて、かの国に生まれんと願ずれば、三種の心を発してすなわち往生す。何等をか三つとする。一つには至誠心、二つには深心、三つには回向発願心なり。三心を具すれば、必ずかの国に生ず。

（『真宗聖典』一一二頁）

道綽の先の言葉は、ここに説かれる「三心を具すれば（具三心者）」に関わる言葉です。さらに、「この三心を具して」の後に「もし生まれずといわば（若不生者）」と続きますが、これは言うまでもなく、『大経』の第十八願の「もし生まれずは（若不生者）」に関わる言葉です。

たとい我、仏を得んに、十方衆生、心を至し信楽して我が国に生まれんと欲うて、乃至十念せん。もし生まれずは、正覚を取らじ。唯五逆と正法を誹謗せんをば除く。

（『真宗聖典』一八頁）

つまり道綽は、「三不三信」を説いた後に、『観経』の三心と『大経』の本願の三心に関わる言葉を持ってきていることになります。その文は、「『観経』の三心を具して、もし浄土に生まれないならば、

『大経』の第十八願、ひいては四十八願が虚しく終わってしまうであろう」という意味ですから、「三不三信」には、『観経』の三心と『大経』の三心とが具わっていると言っていることになります。「不淳・不一・不相続」は、『観経』に説かれる自力の「至誠心・深心・回向発願心」に当たるのでしょう。「淳心・一心・相続心」のほうは、『大経』に説かれる如来の「至心・信楽・欲生」の三心に当たるのでしょう。

『観経』では、王舎城の悲劇の中で苦悩する韋提希が「我がために広く憂悩なき処を説きたまえ」（『真宗聖典』九二頁）と言い、さらに、「願わくは仏日、我に清浄の業処を観ぜしむることを教えたまえ」（『真宗聖典』九三頁）と、釈尊に教えを請います。釈尊はそれに応えて、まず定善の行として、日想観から雑想観までの十三の観法を説きます。定善とは、善導が「息慮凝心」（『真宗聖典』三三三頁）と言うように、慮りをやめて心を凝らして浄土を観じることです。ところが、釈尊はこの十三観を説き終わると、今度は散善を説き出します。

散善とは、「廃悪修善」（『真宗聖典』三三三頁）と言うように、日常の生活の中で悪いことを廃して善いことを修めなさいという教えです。苦悩する韋提希にとって、浄土に心を凝らす止観行は難しいと思われたのか、それとも清浄なる浄土を説いて、浄土に生まれていく資格のない凡夫であることを教えようとしたのか。いずれにしても、定善を十三観で説き終わり、次に日常生活における道徳と言ってもいいような散善が、上品上生から下品下生までの三観として説かれていくのです。

散善では、前に引用したように、「浄土に生まれたいならば、第一番目には至誠心を発しなさい。第二番目には深い心を発しなさい。第三番目には回向発願心を発しなさい。そうすれば、必ず往生が決定する」と説かれるのです。その経説を受けて、善導はまず初めに至誠心を持って生きようとしますが、それがどうにも行き詰まって、深心釈のところで二種深信が出てきます。

「二者深心」。「深心」と言うは、すなわちこれ深信の心なり。また二種あり。一つには決定して深く、「自身は現にこれ罪悪生死の凡夫、曠劫より已来、常に没し常に流転して、出離の縁あることなし」と信ず。二つには決定して深く、「かの阿弥陀仏の四十八願は衆生を摂受して、疑いなく慮りなくかの願力に乗じて、定んで往生を得」と信ず。

（『真宗聖典』二一五～二一六頁）

この二種深信で、人間としての真面目さが、自力無効をくぐって阿弥陀如来の本願へと転じるのです。

このように『観経』は、自力を尽くさせてその無効なることを知らせ、『大経』の如来の弘願に目を開かせようとする教えです。自力無効が「自身は現にこれ罪悪生死の凡夫、曠劫より已来、常に没し常に流転して、出離の縁あることなし」と機の深信で、如来の本願が「かの阿弥陀仏の四十八願は衆生を摂受して、疑いなく慮りなくかの願力に乗じて、定んで往生を得」と法の深信で示されています。本願の救いが決定するのが二種深信ですから、『観経』においては、この二種深信を中心とした三心の教えが一番重要になるのです。要するに、『観経』で一番大切な教えは、「至誠心・深心・回向発願心」の三心なのです。

ですから、道綽がここで「具此三心」という『観経』の言葉と、「若不生者」という『大経』の言葉を使う意図は、『観経』の三心と『大経』の三心を指示するためです。「不淳・不一・不相続」の三不信は自力を表す心ですから、『観経』の「至誠心・深心・回向発願心」を表しています。それに対して、「淳心・一心・相続心」の三信は、『大経』第十八願の「至心・信楽・欲生」を表しています。わかりやすいように図にすると、次のようになるでしょう。

我一心
├不淳・不一・不相続の三不信 ↓『観経』「具三心者」…至誠心・深心・回向発願心
└淳心・一心・相続心の三信 ↓『大経』「若不生者」…至心・信楽・欲生

本願の三心とは、「心を至し（至心）に信楽して我が国に生まれんと欲え（欲生）」と三つ誓われています。ですから、曇鸞が「不淳であり不一であり不相続である」と自力無効に目覚めたのは、実は本願の三心に照らされてのことであると、道綽が見破ったのです。しかもその全体は、「世尊我一心」という一心（信心）の中の出来事ですから、「不淳・不一・不相続」の三不信と、「淳心・一心・相続心」の三信とが、一心の中に同時に収められているのです。それだけに、「三不三信の誨」は、親鸞に大きな影響を与えることになっていきます。

先の図をよく見ながら、考えてください。『観経』の自力の三心から、『大経』の本願の三心に転じることによって、一切衆生の往生が決定します。ですから『観経』は、自力無効を教える経典ですし、本願に目覚めるために必ずくぐらなければならない必要な門、つまり、要門です。『観経』の要門と『大経』の弘願、この二つの経典に『阿弥陀経』の第二十・植諸徳本の願の課題を加えると、親鸞が「化身土巻」で展開している「三経一異の問答」になります。親鸞が『阿弥陀経』の真門の問題を読み取るのは、法然の講義の中に引用される善導の『法事讃』からだと思いますが、文脈上複雑になるのでここでは触れません。

「三経一異の問答」で説かれる内容は、『大経』の弘願、『観経』の要門、『阿弥陀経』の真門です。この三つの経典は、表向きにはそれぞれに役目がありますから、「顕の義」においては異なります。しかし、三部経は共に『大経』の弘願に導くためですから、「彰の義」においては一つであると説くのが、「三経一異の問答」の趣旨です。この問答が、道綽の「三不三信の誨」から導き出されていることは、先の図をよく見れば容易に想像できるでしょう。

さて、もう一つの大切なことは、「信巻」の「三心一心問答」です。もう一度、先の図をよく見てください。「我一心」という信心には、自力無効を表す三不信の目覚めと、『大経』の三心とがどちらも具わっています。つまり、自力無効をくぐって、法蔵菩薩の願心を生きる者へと転じるのです。今注目していただきたいのは、一心と「至心・信楽・欲生」の『大経』の三心のほうです。衆生の信心と、本願の三心との関係を問うのが、『教行信証』で最も大切な「三心一心問答」です。これも、道綽の「三不三信の誨」から導き出されていることがわかるでしょう。

ここでは、衆生の一心と如来の三心とが同質だから、その信心には如来の大涅槃の覚りが開かれることを証明しています。つまり、他力の信心に「誓願一仏乗」（『真宗聖典』一九七頁）という大乗の覚りが実現するという、常識では考えられないようなことが尋ね当てられるのです。衆生の信心と大涅槃の覚りとは、全く位が違います。にもかかわらず、誓願不思議の本願の道理によって、信心の因に果の覚りが実現すると証明するのです。それを踏まえて、親鸞は「正信偈」で、

能発一念喜愛心　不断煩悩得涅槃　（『真宗聖典』二〇四頁）

と詠い、また、

惑染凡夫信心発　証知生死即涅槃　（『真宗聖典』二〇六頁）

と詠われるのです。親鸞は、法然の浄土教が大乗の至極であることを証明するために『教行信証』を書きますから、その際の中心になるところが、この「三心一心問答」になるのです。

このように、「三不三信の誨」は、曇鸞から道綽、そして親鸞へと受け継がれていきました。親鸞の『教行信証』の一番の核心は、『大経』の讃歌である「正信偈」、「信巻」の「三心一心問答」、「化身土巻」の「三経一異の問答」です。なぜなら、『大経』の信心を生きる者は、真諦の「信巻」と俗諦の「化身土巻」の両方に足を付けて、難思議往生の仏道を歩むことになるからです。その意味で、「信巻」と「化身土巻」とは遠く離れているように見えても、紙の裏表の関係にあると思われます。

大乗の論書は、歌と問答とが特に大切ですから、「正信偈」と「三心一心問答」と「三経一異の問答」、これが『教行信証』の核心になります。「三心一心問答」は、如来の第十八願に説かれる願心が、「至心・信楽・欲生」の次第を取って説かれるのは、自力を生きる凡夫を他力に目覚めさせようとするためです。至心によって自力無効を知らせ、だからこそ如来の本願力が衆生の信楽にまでなって、欲生によって仏道をまっとうさせるのです。そこに、如来の大悲を感得させられるのですから、この「三心一心問答」は弥陀の大悲の推究と言えるものです。

「三経一異の問答」のほうは、自力を生きる他はない凡夫に、『観経』を説いて自力無効を教え、『大経』の弘願に生きる者へと転じるのです。本願を生きる者へ転じられても、身は凡夫ですから本能的な自己執着の煩悩は消えません。『阿弥陀経』によって愚痴の身に徹底させて、果遂の誓いによってそれを丸ごと救い取ると教えるのです。そこに群萌を救うために、『大経』・『観経』・『阿弥陀経』を説いた釈尊の大悲が輝いています。ですから、「三経一異の問答」は、釈尊の大悲の推究と言えるものです。

「正信偈」から展開したこの二つの問答を一つにすれば、釈迦弥陀二尊の大悲を詠った「恩徳讃」に帰着します。ですから、『教行信証』の全体は、どこを読んでも釈迦弥陀二尊の讃嘆で溢れているのです。『教行信証』を読むときには、今申し上げたようなことが核心なのだということを、よくわかって読んでほしいと思います。

ここまで、『教行信証』の「三心一心問答」と「三経一異の問答」が、道綽の「三不三信の誨」からの展開であることを尋ねてきました。これを少し補強してみましょう。たとえば、『教行信証』のダイジェスト版と言われる『浄土文類聚鈔』を見てください。『定本親鸞聖人全集』の底本となっている光延寺本の表紙裏に、次のような書付があります。

三不三信の誨慇懃

三不とは雑の義なり。三心とは専修なり。

□不心実　不淳　不決定なり。

（『定本親鸞聖人全集』二・漢文篇・一三〇頁）

この文がなぜ記されているのか、はっきりしたことはわかりません。ここに見られる「三不とは雑の義なり。三心とは専修なり」という記述は、おそらく法然門下のときに、善導と道綽の師資相承を巡って法然に教えられた言葉であると推測します。

法然は、『往生要集』の講義の四編、つまり、『往生要集詮要』（『昭和新修法然上人全集』七～八頁）、『往生要集料簡』（同上・一三～一四頁）、『往生要集略料簡』（同上・一六～一七頁）、『往生要集釈』（同上・二六頁）や『無量寿経釈』（同上・八五～八六頁）の中で何度も、源信の『往生要集』を褒めています。それは、源信が道綽・善導の師資相承を見抜いていて、善導が、道綽の三不信を雑行、三信を専修として相承したと言うのです。たとえば、それをまとめて法然は、

綽禅師、三信三不、またこれ専雑二修の義なり。（『昭和新修法然上人全集』八六頁）

と言います。この師の教えを、ここに書き付けたのではないかと思われます。

ところでこれまで尋ねてきたように、『教行信証』では、道綽の「三不三信の誨」から「三心一心問答」と「三経一異の問答」とが開かれていました。この『浄土文類聚鈔』も、それがよくわかる構造になっています。

最初に、

それ、無碍難思の光耀は苦を滅し楽を証す。万行円備の嘉号は障を消し疑いを除く。

（『真宗聖典』四〇二頁）

から始まる短い序文が置かれます。その後に、本願力回向によって衆生に恵まれる教・行・信・証が記されていきます（『真宗聖典』四〇二～四〇八頁）。それが終わると、『教行信証』の「総序」によく似た文章で、少し長い序文が置かれます（『真宗聖典』四〇八～四〇九頁）。その次に、「行巻」と同じように偈前の文が述べられて、「念仏正信偈」が詠われます（『真宗聖典』四〇九～四一四頁）。『教行信証』は、「正信念仏偈」の前は「伝承の巻」、その後は「己証の巻」と分けられますから、この『文類聚鈔』も「念仏正信偈」から後は、親鸞の己証が記されていると考えられます。ところが、「念仏正信偈」の後に、何の説明もなく、

問う。念仏往生の願、すでに「三心」を発したまえり、論主、何をもってのゆえに「一心」と言うや。

（『真宗聖典』四一四頁）

と、いきなり「三心一心問答」が始まるのです。そこに『教行信証』と同じように、天親の一心と、本願の三心とは同質であることが明らかにされます。そこは省略しますが、この問答の最後が、次の

ように閉じられます。

三心みなこれ大悲回向の心なるがゆえに、清浄真実にして疑蓋雑わることなきがゆえに、一心なり。（『真宗聖典』四一八頁）

この後に、善導の二河白道の譬喩に出てくる「能生清浄願往生心（よく清浄願往生の心を生ずる）」（『真宗聖典』四一八頁）を「能生清浄願心」（同上）と読み替えて、これが他力の大菩提心であることを確認します（『真宗聖典』四一九頁）。そしてその後に、

この心すなわちこれ畢竟平等心なり、この心すなわちこれ大悲心なり、この心作仏す、この心これ仏なり。これを「如実修行相応」と名づくるなり。知るべし。「三心すなわち一心」の義、答え竟りぬ、と。（『真宗聖典』四一九頁）

と、他力の一心こそ如来の大悲心であり、これを「如実修行相応」と名づくと述べて、「三心一心問答」が終わっていきます。

ところが、その後にまた何の説明もなく、

また問う。『大経』の三心と『観経』の三心と、一異云何ぞ、と。答う。両経の三心すなわちこれ一つなり。何をもってか知ることを得る。（同上）

と、いきなり問いが起こされて、三経の一異が論じられていくのです。そして、

三経の大綱、隠顕ありといえども、一心を能入とす。かるがゆえに、経の始めに「如是」と称す。論主建めに「一心」と言えり。すなわちこれ如是の義を彰すなり。（『真宗聖典』四二〇頁）

と、他力の一心こそ如来そのものであると述べて、「三経一異の問答」が終わります。

さらにこれを受けて、

常没の凡夫人、願力の回向に縁って真実の功徳を聞き、無上信心を獲。すなわち大慶喜を得、不退転地を獲。煩悩を断ぜしめずして、速やかに大涅槃を証すとなり。（『真宗聖典』四二一頁）

と、凡夫であっても本願力回向の一心には、不退転が実現し、「煩悩を断ぜしめずして、速やかに大涅槃を証す」という大切な言葉で、『浄土文類聚鈔』の全体が終わっていくことになります。

このように、親鸞の己証と考えられる箇所は、「三心一心問答」と「三経一異の問答」で丸々埋められていて、他のことは一切書かれていません。ですから、『教行信証』を読むときも、己証の核心はこの二つの問答であることをよく承知すべきです。おそらく『浄土文類聚鈔』の表紙裏の「三不三信の誨慇懃」という書付は、親鸞の己証が道綽の「三不三信の誨」によって開かれていることを示唆しているのではないかと思われます。

二、己証としての「三不三信」

さて、これから道綽和讃を尋ねていきましょう。全部で七首ですから、それほど長くありません。ざっと概観しても、和讃には「三不三信の誨」は全く詠われていません。曇鸞の三不信の信心が、この道綽の「三不三信の誨」として継承されることは実に重要なのですが、それが全く詠われなくて、聖道・浄土の決判を中心に七首全体が尽くされているのです。

親鸞も「正信偈」では、道綽について次のように詠います。

道綽、聖道の証しがたきことを決して、ただ浄土の通入すべきことを明かす。
万善の自力、勤修を貶す。円満の徳号、専称を勧む。

三不三信の誨、慇懃にして、像末法滅、同じく悲引す。
一生悪を造れども、弘誓に値いぬれば、安養界に至りて妙果を証せしむと、いえり。

(『真宗聖典』二〇六～二〇七頁)

ここでも、聖道・浄土の決判でほぼ尽くされています。「三不三信の誨」については、「慇懃にして、像末法滅、同じく悲引す」と詠われて、末法の凡夫が救われる教えは、『大経』の「三不三信」しかないのだと詠われるだけです。これについて『教行信証』等では、詳しく解説されていません。「慇懃にして」と、大きな讃嘆の言葉があるにもかかわらず、親鸞がそれに言及していないために、これまで「三不三信の誨」については十分な考究が進められていません。

あえて言えば、『教行信証』「信巻」の展開の中で確かめることができます。「信巻」には、

しかるに称名憶念あれども、無明なお存して所願を満てざるはいかんとならば、実のごとく修行せざると、名義と相応せざるに由るがゆえなり。いかんが不如実修行と名義不相応とする。いわく如来はこれ実相の身なり、これ物の為の身なりと知らざるなり。また三種の不相応あり。一つは信心淳からず、存せるがごとし、亡ぜるがごときのゆえに。二つには信心一ならず、決定なきがゆえに。三つには信心相続せず、余念間つるがゆえに。この三句展転して相成ず。信心淳から

ざるをもってのゆえに決定なし、決定なきがゆえに念相続せず、また念相続せざるがゆえに決定の信を得ず、決定の信を得ざるがゆえ心淳からざるべし。これと相違せるを「如実修行相応」と名づく。このゆえに論主建めに「我一心」と言えり、と。

（『真宗聖典』二一三〜二一四頁）

とあるように、「不淳・不一・不相続」の三不信が述べられる『浄土論註』讃嘆門釈が引用されます。これを受けて「三信一心問答」が展開され、次のように述べられます。

しかれば、願成就の一念は、すなわちこれ専心なり。専心すなわちこれ深心なり。深心すなわちこれ深信なり。深信すなわちこれ堅固深信なり。堅固深信すなわちこれ決定心なり。決定心すなわちこれ無上上心なり。無上上心すなわちこれ真心なり。真心すなわちこれ相続心なり。相続心すなわちこれ淳心なり。淳心すなわちこれ憶念なり。憶念すなわちこれ真実一心なり。真実一心すなわちこれ大慶喜心なり。大慶喜心すなわちこれ真実信心なり。

（『真宗聖典』二四一頁）

ここに、「淳心・一心・相続心」が出てきます。さらに、『浄土文類聚鈔』では、

しかれば、「一心正念」というは、正念はすなわちこれ称名なり、称名はすなわちこれ念仏なり。

一心はすなわちこれ深心なり、深心はすなわちこれ堅固深信なり、堅固深信はすなわちこれ真心なり、真心はすなわちこれ金剛心なり、金剛心はすなわちこれ無上心なり、無上心はすなわちこれ淳一相続心なり、淳一相続心はすなわち大慶喜心なり。大慶喜心を獲れば、この心三不に違す、この心三信に順ず。この心すなわちこれ大菩提心なり、大菩提心はすなわちこれ真実の信心なり、

（『真宗聖典』四一八～四一九頁）

と述べられています。ここに、真実信心を「淳一相続心なり」と言い、「この心三不に違す、この心三信に順ず」と確かめています。

また、『入出二門偈』の道綽の讃歌に、次のように詠われています。

たとい一生悪を造る者、三信相応せんは、これ一心なり。一心は淳心なれば如実と名づく。もし生まれずは、この処なけん。必ず安養国に往生を得れば、生死すなわちこれ大涅槃なり、すなわち易行道なり、他力と名づくとのたまえり。

（『真宗聖典』四六五頁）

ここでは、「三不三信の誨」によって、「一生悪を造る」末法の凡夫に、「生死即涅槃」という大乗の覚りが開かれることが詠われています。

しかし、「三不三信の誨」について直接触れられているのは、「正信偈」と『文類聚鈔』の表紙裏の書付だけです。しかも、それについての詳しい解説は一切ないのです。

大乗の覚りが実現するという重要な事柄について、一切の解説がないのはなぜか。むしろ、そちらのほうを考えるべきではないでしょうか。私は、この道綽の「三不三信の誨」として表されている本願の信心が、『教行信証』の全体を開いていく親鸞の立脚地ですから、それについてあえて解説していないのではないかと推測します。

ですから、道綽の七首の和讃では、全体で聖道・浄土の判釈が詠われています。表向きに明らかになっているところは和讃に詠っているわけですが、隠れているところに、曇鸞から継承した「三不三信」の他力の信心があります。つまり、聖道・浄土の判釈は外に表現された伝統です。そして、隠れているところは信心の問題ですから、己証です。

先ほどの「三不三信の誨」の図で解説すれば、『観経』の「至誠心・深心・回向発願心」は自力を表すのですから、聖道門を表します。その自力を翻して、本願の「至心・信楽・欲生」に目覚めて救われるのですから、本願の三心こそ浄土真宗であると、道綽が決判をするのでしょう。

浄土真宗の信心、つまり、己証は皆さん一人ひとりが明らかにしなければならない問題です。それは、必ず伝統を開きます。浄土真宗の信心は、己証が伝統を開くような信心でなければなりません。本願の僧伽の中に、皆さん一人ひとりが目覚めていくのです。一人ひとりの小賢しい個人性こそが、実は自分を苦しめているのです。そのような「私が」という個人性を破って、初めから本願の伝統の中にあったという僧伽を開いていく伝承です。道綽のところにくると、『大経』の信心である「三不三信」に立って、その伝承を聖道・浄土の決判として明らかにしたと詠っていることになります。そのような理由で、己証の信心についての解説は、どこにもしていないのだと思われます。親鸞は、「『教行信証』をよく読めば、解説なんかしなくても、私が『大経』の「三不三信」の信心に立っていることはわかるでしょう」と仰っているように思えます。

三、聖道、浄土の決判

道綽の和讃は全部で七首ありますが、最初に、次のように詠われます。

一　本師道綽禅師は
　聖道万行さしおきて
　唯有浄土一門を
　通入すべきみちととく

（『真宗聖典』四九四頁）

意味は言うまでもありませんが、「道綽禅師は、聖道浄土の二門を判釈して、聖道門の自力の万行を棄てて、ただ浄土の一門のみが、一切衆生を大涅槃の覚りへ導く道であると、教えてくださった」。これが、道綽のお仕事の全体を総括している和讃です。

親鸞が第一首目の和讃を全体の総相にしたことは、師の法然の教えによっていると思います。法然の『選択集』は、この道綽の『安楽集』から始まります。『選択集』の冒頭にある、教相章というところです。この教相章は何を明らかにするかというと、

道綽禅師、聖道・浄土の二門を立てて、しかも聖道を捨てて正しく浄土に帰するの文

（『真宗聖教全書』一・九二九頁）

と、このように法然が述べています。ですから『選択集』は、道綽によって聖道と浄土の二門の判釈をしながら、「聖道を捨てて正しく浄土に帰する」ことを明らかにするのです。

道綽の『安楽集』に返れば、次の文です。

何者をか二とする。一には謂わく聖道、二には謂わく往生浄土なり。その聖道の一種は今の時証し難し。一には大聖を去ること遥遠なるに由る、二には理深く解微なるに由る。この故に大集月

蔵経に云わく。我が末法の時の中に億億の衆生、行を起こし道を修せんに、未だ一人も得る者あらず。当今は末法にして現にこれ五濁悪世なり、ただ浄土の一門ありて通入すべき路なり。

（同上）

この文が、最初の和讃になっているわけです。「本師道綽禅師は　聖道万行をさしおきて」と、ただ浄土の一門のみが通入すべき道であると詠います。これが、道綽の仕事の全体をまとめた一首になっています。

『選択集』に掲げられた文章は、道綽和讃を拝読する上で特に大切な文章ですから、少し長いのですがここに挙げておきましょう。

『安楽集』の上に云わく。「問うて曰く。一切衆生に皆仏性あり、遠劫より以来、応に多仏に値うべし。何に因ってか今に至るまで、なお自ら生死に輪回して火宅を出でざるや。答えて曰く。大乗の聖教に依るに、良に二種の勝法を得て以て生死を排わざるに由てなり。これを以て火宅を出でず。何者をか二とする。一には謂わく聖道、二には謂わく往生浄土なり。その聖道の一種は、今の時証し難し。一には大聖を去ること遥遠なるに由る、二には理深く解微なるに由る。この故に大集月蔵経に云わく。我が末法の時の中に億億の衆生、行を起こし道を修せんに、未だ一人も得る者あらず。当今は末法にして現にこれ五濁悪世なり、ただ浄土の一門ありて通入すべき路なり。この故に大経に云わく。もし衆生ありて、たとい一生悪を造れども、命終の時に臨みて、十念相続して我が名字を称せんに、もし生まれずば、正覚を取らじと。また一切衆生、すべて自ら量らず。もし大乗に拠らば、真如実相第一義空、かつて未だ心に措かず。もし小乗を論ぜば、見諦修道に修入し、乃至那含・羅漢、五下を断じ五上を除くこと、道俗を問うことなく、未だその分にあらず。たとい人天の果報あるも、皆五戒・十善のために、能くこの報を招く。然るに持ち得る者は甚だ希なり。もし起悪造罪を論ぜば、何ぞ暴風駛雨に異ならん。ここを以て諸仏の大慈、勧めて浄土に帰せしめたまう。たとい一形悪を造れども、ただ能く意を繋げて、専精に常に能く念仏すれば、一切の諸障自然に消除して、定んで往生を得ん。何ぞ思量せずして、すべて去く心なきやと。」

（『真宗聖教全書』一・九二九～九三〇頁）

ここまでが『安楽集』の文章を引用しているところです。この中に、道綽の和讃になっている言葉が随分たくさんあるでしょう。たとえば、『大集月蔵経』の「未だ一人も得る者あらず」（第三首）、『大経』の「たとい一生悪を造れども」や「我が名字を称せん」や「もし生まれずば」（第七首）、さらには、「何ぞ暴風駛雨に異ならん」（第五首）や、「専精に常に能く念仏すれば、一切の諸障自然に消除して」（第六首）等の言葉です。以下に挙げた和讃は、すべてこの『選択集』に引文された『安楽集』の言葉がもとになっています。引用が繰り返しになりますが、そのことがわかるように、和讃と『安楽集』の文を並べてみましょう。

三　末法五濁の衆生は
　聖道の修行せしむとも
　ひとりも証をえじとこそ
　教主世尊はときたまえ

（『真宗聖典』四九四頁）

「この故に大集月蔵経に云わく。我が末法の時の中に億億の衆生、行を起こし道を修せんに、未だ一人も得る者あらず。当今は末法にして現にこれ五濁悪世なり」

五　濁世の起悪造罪は
　暴風駛雨にことならず
　諸仏これらをあわれみて
　すすめて浄土に帰せしめり

（同上）

「もし起悪造罪を論ぜば、何ぞ暴風駛雨に異ならん。ここを以て諸仏の大慈、勧めて浄土に帰せしめたまう」

六　一形悪をつくれども
　専精にこころをかけしめて
　つねに念仏せしむれば
　諸障自然にのぞこりぬ
（同上）

「たとい一形悪を造れども、ただ能く意を繋げて、専精に常に能く念仏すれば、一切の諸障自然に消除して、定んで往生を得ん。何ぞ思量せずして、すべて去く心無きやと」

七　縦令一生造悪の
　衆生引接のためにとて
　称我名字と願じつつ
　若不生者とちかいたり
（『真宗聖典』四九五頁）

「この故に大経に云わく。もし衆生ありて、たとい一生悪を造れども、命終の時に臨みて、十念相続して我が名字を称せんに、もし生まれずば正覚を取らじと」

このように、『選択集』教相章に法然が引用している『安楽集』の文章によって、道綽和讃のほとんどが作られていることがわかります。

その意味でこの文章は特に大切ですから、少し説明しておきましょう。道綽は、涅槃宗の学匠らしく、まず、一切衆生に仏性があると説かれるにもかかわらず、今に至るまでなぜ火宅を出ることができないのかを問います。それは、二種の勝法に依って生死の迷いを払わないからであると、釈尊の仏教を聖道門と浄土門の二門に判釈します。その上で『大集月蔵経』によって、末法の世にあっては浄土の一門のみが覚りに通入する道であると述べます。その理由は、「一には大聖を去ること遥遠なるに由る、二には理深く解微なるに由る」と、聖道門が成り立たない理由を二つ挙げます。

それを受けて、『大経』の「たとえ一生悪を造った悪人でも、弥陀の名号を称して浄土に生まれないならば正覚を取らない」という願文を根拠に、称名念仏の浄土門によるべきことが述べられていきます。特に、大乗仏教や小乗仏教の自力の修行に心を向けることができないで、暴風駛雨のごとく起悪造罪せざるを得ない末法の凡夫に、諸仏の大悲は、浄土に帰することを勧めるのです。なぜなら、念仏によって一切の諸障が自然に消滅して、弥陀の浄土に往生が決定されるからです。

法然が『選択集』の最初に引用した道綽の文章は、ほぼ以上のような意味です。ここで大きな問題となるのは、道綽が聖道と浄土を判釈して浄土の一門を立てるのは、『大集月蔵経』に説かれる「当今は末法にして現にこれ五濁悪世なり」という時機の自覚です。この時機の自覚があるから、『大経』の「若不生者　不取正覚」という願文が、俄然その意味を発揮するのです。

さらにもう一つ大切な問題は、聖道門が成り立たない理由を二つ挙げていることです。一つは、大聖釈尊が入滅してからはるかに時間が経ったということと、二つには、釈尊の覚りはあまりにも深く凡夫には理解ができないということです。言葉としては実にわかりやすいのですが、浄土門を立教開宗するときの根拠になる言葉ですから、仏道の思想としての意味をよほど明確にしておかなければならないと思います。

1、時機の目覚め

浄土教が末法において絶対的な意味を持つのは、何と言っても時機の自覚にあります。時機の自覚を欠いた仏教は、自分の身と時代社会全体の救いにはなりませんので、単なる学問か観念論にしかなりません。そうではなくて、何としても私自身の救いを求めてやまない本物の仏者は、特に末法という時代になってから、「自己とは何か」という問いが、ついにこの時機の目覚めにまで徹底されたのだと思います。七祖の中でも、道綽のところでそれが徹底され、浄土の一門を開くことになったのです。

そもそも七祖の中で、本願の名号による機の自覚を最初に表明した仏者は曇鸞です。『論註』下巻の讃嘆門釈に、

しかるに名を称し憶念することあれども、無明なお存して、所願を満てざるは何となれば、

（『真宗聖教全書』一・三一四頁）

と問い、その理由として挙げられる、如来の実相身と為物身を知らないからであるという二不知と、「不淳・不一・不相続」の三不信がそれです。曇鸞はこの機の自覚に立って、「五濁の世、無仏の時」に、難行道が成り立たない理由を五つ挙げます。そこには、

一には外道の相善は菩薩の法を乱る、二には声聞は自利にして大慈悲を障う、三には悪を顧みることなき人は他の勝徳を破す、四には顚倒の善果能く梵行を壊る、五にはただこれ自力にして他力の持つなし。かくの如き等の事目に触るるに皆これなり。

（『真宗聖教全書』一・二七九頁）

と、五つの理由が挙げられますが、これは難行道が成り立たないのは時代社会が悪いと、時代社会に

難の理由を擦り付けているわけではありません。また、客観的に見た社会状況を五つ挙げているわけでもありません。そうではなくて、最後に「ただこれ自力にして他力の持つなし」と言うように、曇鸞自身の自力無効の懺悔が根拠になった、大きな目覚めの内容を五つ挙げているのです。

自力では絶対に救われないという身の自覚は、相対分別が破られた身の事実です。身と環境とを分ける分別が破られて、懺悔された自力の一点で、身と土が初めて一つになるのです。

法然の念仏の教えに帰した親鸞は、

いずれの行もおよびがたき身なれば、とても地獄は一定すみかぞかし。（『真宗聖典』六二七頁）

と、自力無効の懺悔を表明しますが、同じ目覚めを、

煩悩具足の凡夫、火宅無常の世界は、よろずのこと、みなもって、そらごとたわごと、まことあることなきに、ただ念仏のみぞまことにておわします（『真宗聖典』六四〇～六四一頁）

と、念仏のまことに照らされた「煩悩具足の凡夫」と「火宅無常の世界」とが、同時に表明されています。自力が懺悔されれば、その一点で身と世とが初めて一つに貫かれるのです。自力の悲歎が世界

へと広がって、自力を離れることができない世界への歎異として展開する、と見ても間違いではありません。

ですから、世界への目覚めがそれ自身としてあるのではなくて、自己の目覚めである機の自覚が源泉です。それが根拠になって、人の世の目覚めへと展開するのです。その意味で言えば、「ただこれ自力にして他力の持つなし」が曇鸞の立脚地です。彼は、ここに立って「五濁の世、無仏の時」と言い、その実相を五難として挙げているのです。阿弥陀如来の他力住持に救われたところから、これまでの身と世界の自力の在り方の全体が懺悔されているのですから、自力の仏道など成り立つ道理はありません。

道綽は、曇鸞の三不信の他力の信心をそのまま継承しているわけですから、武帝の廃仏などの過酷な時代状況を縁として末法の自覚が徹底され、そこから聖浄二門の判釈をしたのです。この道綽の時機の徹底によって、浄土門一つという決定がなされるのです。

道綽の機の自覚がどれほど透明であったかを知っていただくために、もう一度、『選択集』に引用された『安楽集』の文を見てみましょう。道綽は、自身の自覚内容を直接語ってはいませんが、釈尊の経典の引用の仕方に、それがよく表れています。それに注意しながら見ましょう。

大集月蔵経に云わく。我が末法の時の中に億億の衆生、行を起こし道を修せんに、未だ一人も得る者あらず。当今は末法にして現にこれ五濁悪世なり、ただ浄土の一門ありて通入すべき路なり。この故に大経に云わく。もし衆生ありて、たとい一生悪を造れども、命終の時に臨みて、十念相続して我が名字を称せんに、もし生まれずば、正覚を取らじと。また一切衆生、（中略）もし起悪造罪を論ぜば、何ぞ暴風駛雨に異ならん。ここを以て諸仏の大慈、勧めて浄土に帰せしめたまう。たとい一形悪を造れども、ただ能く意を繋げて、専精に常に能く念仏すれば、一切の諸障自然に消除して、定んで往生を得ん。何ぞ思量せずして、すべて去く心無きやと。

（『真宗聖教全書』一・九二九～九三〇頁、中略筆者）

道綽は『大集月蔵経』の、「末法時の仏道は、浄土の一門のみ」を証明する経証として、『大経』の第十八願を挙げます。ところが願文そのままの引文ではなくて、『観経』の下々品の文に立ってそれを読み替えているのです。要するに、実践の『観経』から読み替えた、第十八願の取意なのです。それがわかるように、下々品の文を見てみましょう。

あるいは衆生ありて、不善業たる五逆・十悪を作る。もろもろの不善を具せるかくのごときの愚人、悪業をもってのゆえに悪道に堕すべし。多劫を経歴して、苦を受くること窮まりなからん。かくのごときの愚人、命終の時に臨みて、善知識の、種種に安慰して、ために妙法を説き、教えて念仏せしむるに遇わん。この人、苦に逼められて念仏するに遑あらず。善友告げて言わく、「汝もし念ずるに能わずは、無量寿仏と称すべし」と。かくのごとく心を至して、声をして絶えざらしめて、十念を具足して南無阿弥陀仏と称せしむ。仏名を称するがゆえに、念念の中において八十億劫の生死の罪を除く。

（『真宗聖典』一二〇～一二一頁）

この文は長いのですが、全体を凝縮すれば、先の願文の「たとい一生悪を造れども、命終の時に臨みて、十念相続して我が名字を称せん」という内容になります。道綽はこの下々品の文に立って、第十八願の取意をしたことは明白です。表向きには経典の願文の引用ですが、それを読み込んでいる道綽の機の自覚が、いかに透明であったかが窺えます。要するに道綽は、『観経』の下々品に着地して、そこから第十八願を読み替えているのです。

その読み替えの大切な点ですが、第十八願の「至心・信楽・欲生」の三心は内に秘めて、「十念相続して我が名字を称せん」と、『大経』の三心を下々品の「十念を具足して南無阿弥陀仏と称せしむ」で、読み替えています。本願の三心の成就は、実践としては称名念仏以外にあり得ませんから、それを入れ替えているのです。

さらに称名念仏の結果が、「専精に常に能く念仏すれば、一切の諸障自然に消除して、定んで往生を得ん」という言葉で確認しています。この浄土門の「一向専修」の行の確立は、弟子の善導に譲るのでしょうが、道綽はすでにこの文で先取りして「専精に常に能く念仏す」ると、明確に述べています。『大経』の第十八願文を、『観経』の下々品に立って称名念仏一つで読み通した道綽の『安楽集』の文に、善導は大きな感動を抱いて、ここを立脚地にして『観経』教学を大成していくと推測します。要するに、この道綽の文の読み替えに、善導の古今楷定の下地が明確に示されているのです。

このように見てきておわかりいただけたと思います。道綽は「五濁悪世」という時代状況を生き抜いて、末法の凡夫の身の目覚めが徹底され、それによって『大経』の本願の教えに相応したのです。この道綽の時機の自覚がなければ、浄土門一つという浄土教の絶対性は、ついに成立しなかったでしょう。

2、聖道門が成り立たない理由

さてもう一つの問題は、道綽が、末法の世に浄土の一門しか成り立たない理由を、「一には大聖を去ること遥遠なるに由る、二には理深く解微なるに由る」と、二つ挙げていることです。これはいろいろの視点で考えることができると思いますが、ここでは少し広く尋ねてみましょう。

大乗仏教では、釈尊の出世本懐経が二つあります。一つは聖道門の中心となる経典の『法華経』です。もう一つは浄土門の中心の経典で、親鸞が最も大切にした『大無量寿経』です。出世本懐経が一つならば、その経典がピラミッドの頂点となり、他の大乗経典はそれを支え助ける経典としてわかりやすいのですが、二つあるのですから、それは一体どう考えたらいいのでしょうか。ここではわかりやすいように、聖道門と浄土門の二つの仏道の修道体系を考えて、その違いを尋ねてみましょう。

釈尊は、覚りを悟る前に前正覚山と呼ばれる山で、六年間の命がけの苦行を重ねました。まさにガンダーラの苦行仏として表されているように、目は落ち窪み、体は骨と皮だけに痩せて、よほど体力を消耗していたのでしょう、尼連禅河を渡ろうとして流されます。村娘のスジャータに助けられて、乳粥を与えられ、九死に一生を得て蘇るのです。そして、そこから一キロほど離れた金剛法座の上で覚りを悟ります。この仏伝をもとにして、修行によって覚った釈尊をモデルにして修道体系が立てられるのが、『法華経』を中心とする聖道門です。

『菩薩瓔珞経』や『十地経』、『華厳経』の「十地品」等によって、十信・十住・十行・十回向・十地・等覚・妙覚という、階段を昇るような菩薩の五十二位が設けられます。最初の十信位の者は、出来の良くない凡夫という意味で「外凡夫」と言います。十住・十行・十回向の良くできる凡夫を、「内凡夫」(三賢)と言います。十地からは、菩薩(十聖)になります。この菩薩の階位は、初歓喜地から始まって、七地沈空の難関を越えて、十地の法雲地まであります。その上が、如来の覚りに等しい等覚と如来の覚りそのものである妙覚というように、菩薩の修行の階梯が五十二立てられます。

これは、釈尊がモデルですから「釈迦教」と言い、自力の菩提心をもとにした修道体系ですから、「自力教」とも言います。また、凡夫が修行によって聖者になり、釈尊と同じように覚りを悟る道ですから、「聖道門」とも言います。このように浄土門以外の大乗仏教は、自力をもとにして修行に励み、人間がやがて仏の覚りを悟るという、人間から仏の覚りへという方向を持つのですが、その中心にある経典が『法華経』です。

それに対して『大経』のほうは、仏の覚りから人間へという、反対の方向を持つのです。

法身は、いろもなし、かたちもましまさず。しかれば、こころもおよばれず。ことばもたえたり。この一如よりかたちをあらわして、方便法身ともうす御すがたをしめして、法蔵比丘となのりたまいて、不可思議の大誓願をおこして、あらわれたまう御かたちをば、世親菩薩は、尽十方無碍光如来となづけたてまつりたまえり。（『真宗聖典』五五四頁）

と親鸞が述べるように、阿弥陀如来（法身）の覚りのほうから法蔵菩薩として立ち上がり、一切衆生を救いたいという大誓願を起こして浄土を建立し、その浄土で一切衆生を救い遂げるために尽十方無碍光如来という名号にまでなって、如より来生しているのです。その意味で聖道門は、人間から仏の覚りへという方向を持っていますが、浄土門は反対に、仏の覚りから人間へという、聖道門とは逆の方向を持っています。

『法華経』と『大経』とが、全く反対の方向を持つ仏道として説かれるのは、どうしてでしょうか。

それは、聖道門でどんなに素晴らしい階梯が立てられたとしても、釈尊は苦行が実って覚りを悟ったのか、それとも苦行とは無関係に悟ったのかは、釈尊に聞かないとわかりません。もし前正覚山の苦行とは何の関係もなく、金剛宝座で覚りを得たのならば、聖道門の階梯は根本から成り立たないことになります。ところが、入滅以来遥かに時間が過ぎていますから、それを釈尊に直接聞くこともできません。仮に菩薩五十二位の修行の階梯が成り立ったとしても、ほんの一握りの優れた菩薩のための教えにしかなりません。ですから道綽は、末法において聖道門が成り立たないという理由に、「大聖を去ること遙遠なるに由る」と挙げるのです。

もう一つの「理深く解微なるに由る」は、いかに優れた人間でも、まだ得ていない覚りは、結局はその人の理想に過ぎません。理想を掲げ、志を高く持つことは、人間としては素晴らしいことです。しかし、仏道という視点で見れば、人間は煩悩の塊ですから、理想といっても欲の影に過ぎません。その意味では、人間の理想と仏の覚りとは全く異質なのです。道綽が「理深く解微なるに由る」と言うのは、人間には仏の覚りはわからないという意味でしょう。道綽が、末法の凡夫に帰りきった言葉だと思われます。

このことは、もう一度後で詳しく述べますが、先取りして少し述べておきましょう。皆さんはどうなったら死んでいけますか。救いとはどんなことでしょうか。いろいろ考えてもよくわかりません。私たちの頭に浮かぶのは、豊かに、快適に、便利に速く、健康で長生きくらいです。人間は欲の塊ですから、救いといっても結局は欲の延長でしか考えられません。しかし、それは本当の救いにはなりません。それどころか原爆に象徴されるように、欲のために人類は滅びようとしています。人類の救いが本当にわかるのは、その欲を突き抜けた仏の覚りだけです。ですから『大経』は、阿弥陀如来の覚りのほうから本当の救いを準備して、衆生の救いを四十八の本願として誓い、浄土を建立して一切衆生を招き入れようとしているのです。

その本願について少し説明しておきましょう。仏は阿弥陀如来だけではありません。大日如来や、毘蘆遮那仏をはじめたくさんの仏がいますが、仏になる前はみんな菩薩です。どの菩薩も、自利と利他を実現して仏に成りたいという本願を持っています。その共通の本願は四弘誓願に代表されますが、それを「総願」と言います。ところが、阿弥陀如来だけは四十八もの本願を建てて、名号と信心によって一切衆生を救いたいという「別願」を持っています。そのような仏は、阿弥陀如来しかいないのです。その意味で阿弥陀如来は、諸仏の根源仏です。その本願に帰る仏教が、浄土教です。法蔵菩薩の本願が実現して阿弥陀如来になるのですから、菩薩の本願は仏に成る因で、如来の覚りはその果です。

自力をもとにする聖道門は、衆生の菩提心と修行とを因として果の覚りを求め、それによって仏に成ろうとする道です。衆生の修行の因と果の仏の覚りとの必然性は、どこにもありません。衆生の自力と仏の覚りとは相反するものですから、雑行という自力の修行では、千に一人も悟る者がいないと言われるのは、そのためです。

それに対して、如来の本願力によって仏に成るという浄土門は、まずその本願力に目覚めなければなりません。親鸞も、

常没の凡愚・流転の群生、無上妙果の成じがたきにあらず、真実の信楽実に獲ること難し。

（『真宗聖典』二一一頁）

と言うように、果の大涅槃の覚りを得ることよりも、信心を獲ることのほうが実に難しいのです。

法蔵菩薩は覚りの座から起ち上がり、一切衆生の宿業の身と一つになって「念仏を称えて、我が国に帰れ」と呼んでいるのですから、衆生が本願の声を聞くためには、宿業の身に帰る他はありません。宿業の身の問題は、理性や分別では解けませんから、それが身体一杯になったときには、大地に身を投げ出して救いなどどこにもないと、一人称で泣きわめく他はありません。この一人称に成りきったときに、二人称の世界が意味を失って、相対的な分別など何の役にも立たないと知るのです。それを宿業の身に帰ると言います。そのときに、五劫の昔からすでに凡夫であることを見抜き、それを大いに悲しんで、「名号を称えて、我が国に帰れ」と呼んでいる本願の声が届くのです。

その意味で言えば、浄土門は、聖道門のように果の覚りに向かう仏道ではなく、因の阿弥陀如来の

本願に帰る仏教です。「五劫思惟の願」に宿業の身の「親鸞一人」が帰命して、因の本願力によって必ず仏に成る者へと蘇るのです。なぜなら本願力は、果の覚りの座から「十方衆生」のために立ち上がったのですから、因の本願に帰すれば、「一切衆生」が本願力によって果の仏に成るのは必然だからです。この誓願不思議の因果の道理に、道綽が「理深く解微なる」という理由を挙げて、本願力によって必ず仏に成る浄土門に帰せという、最大の理由があるのだと思います。

3、自力の世の悲惨さ

さて、次の道綽の和讃を拝読してみましょう。

二　本師道綽大師は
　　涅槃の広業さしおきて
　　本願他力をたのみつつ
　　五濁の群生すすめしむ
　　　　　　　　　　　　　　（『真宗聖典』四九四頁）

この二首目の和讃は、「道綽は『涅槃経』を二十数回講じるというお仕事を捨てて、自ら本願他力に帰し、末法五濁の群生に浄土の教えを勧めた」という意味です。この和讃は『選択集』教相章の私釈の、次の文章に依っていると思われます。

例せば、彼の曇鸞法師は四論の広説を捨てて一向に浄土に帰し、道綽禅師は涅槃の広業閣きて偏に西方の行を弘めしが如し。

（『真宗聖教全書』一・九三三頁）

法然もここで指摘しているように、道綽はもと涅槃宗の学匠でした。道宣の『続高僧伝』によれば、道綽は北斉武成帝の河清元（五六二）年に幷州の汶水に生まれたと伝えられています（『大正大蔵経』五〇・五九三頁下段～五九四頁中段）。曇鸞の没年がはっきりしていないので確定はできませんが、おそらく曇鸞の没後十年から二十年頃に生まれたと推測されます。生まれた場所は汶水と伝えられますが、迦才の『浄土論』によると「晋陽の人」（『大正大蔵経』四七・九八頁中段）となっていて、汶水、晋陽と違ってはいても、どちらも曇鸞が活躍した場所に近い所です。

十四歳で出家しますが、建徳三（五七四）年に北周の武帝による廃仏に遭い、青年期の多感な時代に過酷な状況を生き抜くことになりました。武帝の後、隋の文帝が五八一年に即位してから、仏教が復興されることになり、道綽は『涅槃経』の研究に没頭して、それを講じること二十四回にも上ると伝えられています。

ところが廃仏が起こったのは、真実の仏教ではなかったからではないかという反省から、復興後の仏教は果たしてこれでいいのかと、道綽は悩むのです。求道心の強かった道綽は、学問としての仏教に満足せず悩んだ挙句に、汶水県の石壁玄中寺の曇鸞の碑文を見て浄土教に回心します。道宣はその年を記していませんが、迦才の『浄土論』では「大業五（六〇九）年」（同上）、道綽が四十八歳のときのことと記されていますから、一般的には聖道門から浄土門への翻りは、道綽が四十八歳のときとして伝えられています。このような道綽の伝記を踏まえて、二首目の和讃が詠われるのです。

それでは、三首目の和讃を見てみましょう。

三　末法五濁の衆生は
　　聖道の修行せしむとも
　　ひとりも証をえじとこそ
　　教主世尊はときたまえ

（『真宗聖典』四九四頁）

これは、『大集月蔵経』の教えに根拠を持つ和讃です。意味は言うまでもありませんが「教主世尊は『大集月蔵経』の中で、末法五濁の世に在って聖道門の自力の修行をしたとしても、誰一人として覚りを得る者はいないと、説いてくださった」と詠われます。『安楽集』では、経典の引用の前に、道綽の次のような問いから始まります。

問うて曰く。一切衆生、皆仏性あり。遠劫より以来、応に多仏に値うべし、何に因ってか今に至るまで、なお自ら生死に輪回して火宅に出でざるや。

（『真宗聖教全書』一・四一〇頁）

このように、『涅槃経』の学匠らしく道綽は、「『涅槃経』に、一切衆生にみな仏性があると説かれていますが、もしそうなら私も仏に値って仏教がわかってもいいはずです。ところが、今まで流転を重ねてきて今に至るまで、なぜ火宅を出ることができないのか」と、実に主体的な問いを出しています。

「火宅」という言葉を聞いてすぐに思い浮かぶのは、『法華経』に説かれている「三車火宅の譬喩」です。火事で燃えている家の中で子どもが遊んでいるのですが、「危ないから外に出て来なさい」といくら言っても出てきません。そこで、「鹿の車と羊の車と牛の車があるから出ておいで」と誘うと、それにつられて子どもが出てきます。ところが、出てみたら、それよりもっと立派な大白牛車があったという教えです。これは一乗に導こうとする、仏の大悲を説く譬喩です。一乗と三乗、真実と方便を説く経典が『法華経』です。聖道門の一番大切な経典が『法華経』ですから、道綽もそれを挙げています。そもそも『安楽集』の第三大門は、次の言葉から始まります。

第一に難行道・易行道を弁ずとは、中において二あり。一には二種の道を出し、二には問答解釈す。余すでに自ら火界に居して実に想うに怖れを懐けり。仰いで惟みれば大聖三車もて招慰し、且く羊鹿の運、権息未だ達せず。仏邪執は上求菩提を鄙うと訶したまう。たとい後に回向するもなお迂回と名づく。もしただちに大車に攀ずるもまたこれ一途なり。ただ恐らくは現に退位に居して嶮径遙長なることを。自徳未だ立たず、昇進すべきこと難し。この故に龍樹菩薩云わく。

（『真宗聖教全書』一・四〇五頁）

ここに「大聖三車もて招慰し」と述べられます。「三車」は、先ほど言った羊と鹿と牛の三つの車です。『法華経』ではこの三車によって、私たちを仏教へ招き出してくれると説かれていますが、それなら私たちはそれで仏教がわかるはずです。ところが、いまだに仏教がわからないのはどうしてかと問うのです。『法華経』や『涅槃経』の学問で、どうしても救われないのはなぜかと問うのですが、道綽の真っすぐな求道心がまばゆいほどに輝いています。このような実践の問いを受けて、『論註』の二道釈による難行道と易行道へと問答が移っていくわけです。

そして、その問いに対して、道綽は次のように答えるのです。

答えて曰く。大乗の聖教に依るに、良に二種の勝法を得て以て生死を排わざるに由てなり。

（『真宗聖教全書』一・四一〇頁）

大乗の経典には二種の勝れた法がある、その二種の法を獲得して生死の火宅を出るべきである、と説きます。その二種とは、「一には謂わく聖道、二には謂わく往生浄土なり」と、二つ挙げられます。そして、聖道門のほうは、「今の時」に生を得ることはできないと言うのです。「今の時」とは、曇鸞の言葉では「五濁の世、無仏の時」ですし、道綽では「末法」と言ってもいいのでしょう。いずれにしても聖道門は、「五濁の世、無仏の時」、「末法」という時には証を得ることはできないと説かれます。

その理由が、先に述べたように、二つ挙げられるのです。一つには大聖釈尊が入滅して、遥かに永い時間が経ってしまっている。二つには釈尊の覚りがあまりにも深くて、私たちには理解ができない。この二つの理由によって、聖道門では証を得ることができないのだ、と説くのです。この二つの理由の仏道としての意義は、先にも述べた通りです。しかし、ここでは現代的な意義を踏まえて、もう少し広く人間の問題として、再度考えてみましょう。

「理深く解微なるに由る」とは、釈尊の覚りは深く、凡夫には到底理解できないということです。要するに、我々にとっては、何が真実かわからないということでしょう。そうであれば、一人ひとりの人生がどこに向かえばいいのか。人の世の全体が、どこに救いを見出せばいいのか。五里霧中で雲をつかむような話です。八方塞がりで、閉塞状況になる他はありません。

『大経』では、人間の本性は愚痴の煩悩と説かれますから、何が真実かわからなければ、自らを立てそれを守ることしかありません。そうなると、自己主張と欲望の充足を求める争いだけしか残りません。それを「五濁悪世」と言うのですが、「大聖を去ること遙遠なるに由る」と説かれるように、今さら真実とは何かを、釈尊に問うこともできないのです。要するに、自力を根拠にした考え方では人間の問題は何一つ解けない、ということでしょう。

4、五濁悪世の現状

私たちは毎日テレビ等で報道を見ていますが、「閉塞状況」という言葉がぴったりくるような現状があります。政治を見ても、どこに向かって日本の国を引っ張ろうとしているのか、そもそもどういう国にしたいのか、全くわからない状況の中で、日々起こる課題の方策に追われています。国の成り立ちや方向という根源的な問題から目を背けて、モグラ叩きのように、日々の課題に対処しているだけです。それは政治だけではなくて、経済、文化、教育、科学等、どの分野においても例外ではなく、先が見えない不安に駆られます。それが、閉塞感という言葉で言おうとする内容ではないでしょうか。

一、二例を挙げてみましょう。私たちは二十世紀になって、二度の世界大戦を起こしました。その大戦で亡くなった方は、六千万人を超えると伝えられています。一九四〇年の日本の人口は、七千万人ほどですから、二度の大戦で亡くなった方は、当時の日本の総人口の八割以上にも当たるわけです。当然、家族がいるわけですから、世界中の人が、二度と戦争を起こしてはならないと心に誓ったはずです。日本も原爆投下という悲惨な状況の中で、憲法九条を設けて、国として戦争の放棄を掲げました。

大戦以降は、各国の間で会合がもたれ国際連合が作られて、戦争を超えようとする努力を続けてきています。それにもかかわらず戦争がない日は、一日もありません。最近のアメリカの動向等を見ていますと、「民主化」とか「国際平和」という大義名分の下で、新しい戦争を起こしているとさえ思えます。人間は、戦争が悪いことは誰でも知っていて、戦争を超えていく努力もしていますが、その中でまた新たな戦争を生んでいるのです。そうなると一体、それをどのように超えていくか、そこに世界人類の、最大の課題があると思います。

もう一つ例を挙げます。日本の近代化を牽引してきたのは、第一に科学主義です。「近代」の定義はいろいろですが、ここでは明治以降と考えましょう。

十五年ほど前に中国の人民大会堂で、江沢民の演説を聞いたことがあります。江沢民は日本の福沢諭吉と全く同じことを言っていました。中国はこれから近代化を進めようとしているのかという実感を持ちましたが、何とも言えない複雑な思いでした。なぜかと言うと、近代化は確かに豊かさを恵んだ反面、人類滅亡の危機ともいえる負の課題を残したからです。

私は昭和二十三年の生まれですから、戦争を直接知りませんが、生まれた頃には戦争の名残は十分に感じられました。日本全体が貧しくて、それを克服するためにみんな一生懸命に働いていました。

子どもの頃には、裕福な家に自転車がありましたが、やがてオートバイになり、自動車になり、飛行機ができて、新幹線ができ、直にリニアモーターカーができる時代になりました。生まれた頃から見れば、ずいぶん豊かになりました。豊かさ、便利さ、速さ、快適さ、あらゆる面で科学は、私たちに多くの恩恵を与えました。

しかしその反面、二酸化炭素の排出でオゾン層が破壊され、地球全体の温暖化を招き、地球環境の破壊が進んでいます。緑がなくなって砂漠化していき、食糧危機の問題がすぐそこまで来ています。地球環境が死ねば、人間も死ぬのです。科学は、他にもたくさんの負の課題を生んでいます。言うまでもなく、今では地球が何個あっても足りないほどの原爆を作って、多くの国が保有しています。

人類が精一杯考えて、良かれと思うことに力を注ぎました。原爆も日本に投下されて、悲惨な状況を生みましたから、世界中の人が原爆を戦争に使ってはいけないと、心に決めたのです。しかし、その同じ物差しで、平和利用ならいいと考えて、原子力発電所を世界中に四百基以上も作りました。二〇一一年の東北の大震災で、いまだに私たちの両肩にのしかかって解けない問題が、原発の問題ではないでしょうか。人間は良かれと思ったことに努力を重ねてきましたが、まるで天に向かって唾を吐くように、それが世界全体の破壊になりかねない重さとして、我々の両肩にのしかかってきています。

原子爆弾を、戦争に使ってはいけないのは、誰でもわかります。戦争は人間の欲望が爆発して、殺し合いになっているのですから、それに使うのは言語道断です。しかし、その同じ物差しで、平和利用ならいいと決めたのでした。

ところが、私たちが思っている平和とは、どんな内容でしょうか。先にも述べたように、明治以降日本は、科学による恩恵として、速く便利で、快適に、豊かにを求めてきました。それに加えるとしたら、戦争がなく治安が安定して、安心に暮らせることではないでしょうか。その意味で日本は、世界でも平和な国です。

しかしよく考えると、平和といっても、その全体は欲望の延長ではないでしょうか。戦争は人間の欲望が暴発して起こったのですから、悪いことはすぐにわかります。しかし、平和利用のためならいいと言ってみても、人間の考える平和の内容は、結局は欲望の満足でしかありません。人生観などと言っても、よく聞いてみると、結局は欲望を満足させたいということくらいでしょう。そんなことで、人が本当に死ねるでしょうか。

「人間」を問わないで、それを前提にして相対的に善悪を決めていますが、前提にしている人間が欲望の塊なのですから、戦争であろうと平和であろうと、その根は同じ欲望です。根が一つであれば、平和利用の原発でも一旦事故が起これば、戦争と同じ悲惨な状況になるのは道理です。そのように、大前提になっている人間そのことに問題があるのですが、人間にはそれだけがわからないのです。そこに、仏道の智慧が輝いているのです。前提にしている主体そのものに目を向ける、そこは、仏教の独壇場だと思います。

　紙面の都合で、たまたま戦争と科学主義の問題を取り挙げましたが、それだけでなくあらゆる分野で、人間のすることが始末に負えないかたちで人類全体に降りかかってきています。一体こういう問題をどう突破するのか、それが現代の世界人類が抱えている問題です。

　仏教が世界の思想と違う特質は、一言でいえば「内観道」です。人間は意識的になったときには、すでに人間になっています。おそらく記憶があるのは、四歳か五歳くらいからだと思います。そのときにはすでに自我ができて人間になっていますから、それを大前提にして生きていきます。自分を前提にして、外に目が向き外側のことを考えていく、それが普通の考え方だと思っています。日常的なことで言うと、人の悪口はよく言いますが、自分のことは少しもわかっていないというようなことでしょう。

　仏教では、人間の課題を「生老病死の苦を超える」と教えます。若くありたい、できるだけ健康で長生きしたいのが一般的な考え方でしょう。そのために臓器移植までするようになりました。このように、自我が自我の全体を問うことができないので、それを前提にして、自分の都合に合わせて外に向かって発想していく考え方を、「外道」と言います。目は世界中見えますが、自分の眼だけは見えないようなものです。またどんなに力の強い巨人でも、自分の体だけは持ち挙げられないのと同じように、人間は自分自身を問うことができないのです。

ところが外に向かう考え方では、臓器移植をしても死ぬのですから、生老病死の苦から自由になることはできません。おそらく、生老病死を苦と思うのは人間だけでしょうから、仏教はその主体である人間そのものを問うという方向を持ちます。人間を内に問うて苦の原因を突き止め、苦から解放されていく、それが仏教です。

外道が外の環境を問題にすることに対して、仏教は主体そのものを問題にするのです。それを内観道と言います。そういう意味で仏教は、人間の常識とは反対の方向を持っています。仏教は内に主体を問いつくし、人間の言葉を中心にしている相対分別を超え、自我をも超えた覚りの世界にまで突き抜けて、そこからもう一度人間を見直すという、覚りの智慧を湛えているのです。

しかし先ほど言いましたように、自我が自我を問いつくすことは不可能です。釈尊もそれを『十住毘婆沙論』の「易行品」では、次のように言っています。

> 大乗を行ずるには、仏かくのごとく説きたまえり。発願して仏道を求むるは、三千大千世界を挙ぐるよりも重し。
> (『真宗聖教全書』一・二五四頁)

大乗仏教を実践して、自我が自我に目覚めることは地球を持ち挙げるよりも難しく、不可能であるというのです。そんなことがなぜ釈尊にだけ起こったのかは、誰にもわかりません。ところが、釈尊は「覚者」、「仏陀」です。人間を内に超えた覚りの智慧によって「浄土」を説き、浄土によって人間と娑婆の迷いの全体を見抜いていく。その大いなる智慧を湛えた方が、大聖釈尊です。内観の方法によって苦のもとを探り、人間の意識よりも深い本能的な自己執着に、苦しみの原因を突き止めるのです。その自己執着を超えた覚りによって、相対分別の善し悪しから解放して、誰とも比べる必要のない、私が私でよかったという自体満足を与えるのです。一切衆生にその苦を超える者になれと、一切衆生の機根に合わせて多くの経典を説いたのです。

道綽は、ここから二つの道に分かれると言います。一つは聖道門です。これについてはすでに述べてきましたが、菩薩の五十二段階の修行の階梯が立てられて、それを昇りつめて覚りを悟るという道です。これは、どこまでも自力の菩提心を信頼して修行に邁進し、その修行の努力によって覚りに到達する道です。覚りはどこまでも、自力の菩提心と修行の努力にかかっています。

志の高さと努力の真剣さは常識に適っていますから、誰も疑いを持ちません。誰もが素晴らしい道だと思います。しかし『大経』によれば、自力は自己執着に穢れた煩悩です。煩悩を積み重ねて覚りに到達することは、嘘を重ねて真実にしようとするような努力です。ですから、もし覚りを悟ることができたとしても、百に一人、千に二〜三人というのです。煩悩を積み重ねて、仏の覚りがわかる道理はありません。道綽は、それを「理深く解微なるに由る」と言うのです。それならば、本当の覚りの内容を仏陀に聞けばいいのですが、「大聖を去ること遙遠なるに由る」と言って、末法の世ではそれも不可能だと言うのです。

それに対して浄土門は、南無阿弥陀仏の易行です。しかし単なる行ではなく、選択本願によって実現した念仏です。本願とは、四十八説かれますが、それは自力を生きる一切衆生を、覚りにまで導く道筋が完備されている教えです。

道綽は、その内観道が人間の努力にあるのではなくて、本願の教えとして完備されている、浄土門しか残されていないと言っているのです。内観道を自力で達成しようとするのが聖道門ですが、人間には不可能です。ですから、仏の智慧によって内を尋ねていく本願の教えそれ自体に、内観道が完成されていますから、「己が分を思量」してその本願の教えをよく聞けと言っているのです。五濁悪世の凡夫にとっては、実に道理にかなった道綽の択法眼が輝いていると思います。

ですから、末法であっても、本願の教えをよく聞いて（他力の信心）、教えの通り南無阿弥陀仏を称えれば、如来の本願力によって覚りが開かれるのです。衆生には何の努力も要請していませんので、阿弥陀如来のほうが苦労してくださっています。ですから浄土門は、その本願の教えを信じるか信じないかにかかっています。唯一信心だけが、衆生のほうの責任です。

しかし、先ほども言ったように、この世の人間の問題は、人間の自力では解けません。外道という方法でどれほど考えても、究極的には自殺か殺し合いしか残らないでしょう。広く言えば、それが時機の自覚です。少し人生経験を積んで、それに涙したものは、人間を内に超える道しか残されていないことは、当然としてわかるでしょう。道綽は、それを自分の意見ではなくて、釈尊の教説に返して、第三大門に『大集月蔵経』と『大経』とを引文するのです。

聖道の一種は、今の時証し難し。一には大聖を去ること遙遠なるに由る。二には理深く解微なるに由る。この故に『大集月蔵経』に云わく。「我が末法の時の中に億億の衆生、行を起こし道を修せんに、未だ一人として得る者あらず。当今は末法にして、現にこれ五濁悪世なり、ただ浄土の一門ありて、通入すべき路なりと。」この故に『大経』に云わく。「もし衆生ありて、たとい一生悪を造れども、命終の時に臨みて、十念相続して我が名字を称せんに、もし生まれずば正覚を取らじと。」

（『真宗聖教全書』一・四一〇頁）

もうこれまで述べてきたことで、おわかりいただけると思います。仏説に則った道綽の見事な卓見だと思います。親鸞は、この『大集月蔵経』によって、

三　末法五濁の衆生は
聖道の修行せしむとも
ひとりも証をえじとこそ

教主世尊はときたまえ

（『真宗聖典』四九四頁）

と、道綽を讃詠するのです。さらに、「この故に『大経』に云わく、もし衆生ありて、たとい一生悪を造れども、命終の時に臨みて、十念相続して我が名字を称せんに、もし生まれずば正覚を取らじと」という『大経』の教説をそのまま和讃にして、道綽和讃の最後を飾るのです。それもここに掲げておきましょう。

七　縦令一生造悪の
　衆生引接のためにとて
　称我名字と願じつつ
　若不生者とちかいたり

（『真宗聖典』四九五頁）

道綽和讃　第二講

一、道綽の立教開宗

道綽は『安楽集』の第七大門の最後で、次のように述べています。

『大経』にまた云わく。「我が国に生ずる者は横に五悪趣を截ると。」今これは弥陀の浄刹に約対して、娑婆の五道を斉しく悪趣と名づく。地獄・餓鬼・畜生は純悪の所帰なれば、名づけて悪趣と為す。娑婆の人天は雑業の所向なれば、また悪趣と名づく。もしこの方の修治断除に依れば、まず見惑を断じて三塗の因を離れ、三塗の果を滅す。後に修惑を断じて人天の因を離れ、人天の果を絶つ。これ皆漸次に断除すれば、横截と名づけず。もし弥陀の浄国に往生することを得れば、娑婆の五道一時に頓ちに捨つ。故に「横截五悪趣」と名づくるはその果を截るなり。「悪趣自然閉」とはその因を閉ずるなり。これ所離を明かす。「昇道無窮極」とはその所得を彰す。もし能く意を作して回願して西に向かえば、上一形を尽くし下十念に至るまで、皆往かざることなし。一たび彼の国に到れば即ち正定聚に入りて、この修道一万劫と功を斉しくするなり。

（『真宗聖教全書』一・四二九頁）

この文はすぐにわかるように、道綽が『大経』下巻の三毒五悪段の総説の文を解説しているところです。その文は、次のように説かれますので挙げておきます。

必ず超絶して去ることを得て、安養国に往生せよ。横に五悪趣を截りて、悪趣自然に閉じん。道に昇ること窮極なし。往き易くして人なし。その国逆違せず。自然の牽くところなり。

（『真宗聖典』五七頁）

道綽は、この三毒五悪段の文の意味を述べながら、自力の修行ではなく、阿弥陀如来の本願力による仏道の絶対性を述べているところです。

意味はほぼ次のようです。「娑婆の地獄・餓鬼・畜生・人・天の流転を、自力の修行で断とうとすると、まず見惑を断じて地獄・餓鬼・畜生の因を離れ、その果の苦しみを滅しなければなりません。その後に、それに続く修行によって、すべての煩悩の因を断って苦しみの果を断たなければなりません。しかし、それは漸教と言って、それを成し遂げるには長い時間がかかります。したがって、それは『大経』に説かれるように、「横截」とは言えません。

もし阿弥陀如来の本願によって往生浄土の仏道に立つならば、娑婆の地獄・餓鬼・畜生・人・天の流転は、本願力によって一時に頓速に絶たれます。「横に五悪趣を截りて、悪趣自然に閉じん」とは、本願力によって横さまに迷いの因果が絶たれることです。「道に昇ること窮極なし」とは、それによって得られる利益を表す言葉です。もし、本願力によって往生するならば、長い命なら一生、短ければ十声の念仏でも、浄土に往生し正定聚に住して必ず仏に成るのです。それはまるで自力の修行を、ここで一万劫積む利益と等しいようなものなのです」。

ほぼこのような意味ですが、道綽は阿弥陀如来の本願力に立って、横超他力を述べて本願の仏道の絶対性を主張した文章です。おそらく親鸞も、この道綽の文から、浄土真宗で最も大切な「横超」の「願力自然」を読み取り、二双四重の教判を立てるのですが、文脈上煩瑣になるのでここでは省略します（拙著『親鸞の主著『教行信証』の世界』東本願寺出版参照）。とにかく、道綽は凡夫として本願に帰り、誓願不思議の因果の道理によって迷いを超えると説いているのです。

実は法然は、道綽の『安楽集』の第七大門のこの文に、浄土宗の立教開宗が説かれていると見ています。法然は、『無量寿経釈』でそれを述べていますので、見てみましょう。

そこでは法然が、『大無量寿経』を註釈するに当たって、五つの柱を立てています。それを『無量寿経釈』の冒頭で、次のように述べています。

まさにこの経を釈せんとするに、ほぼ五意あり。一には大意、二には立教開宗、三には浄教不同、四には釈名、五には入文鮮釈なり。（『昭和新修法然上人全集』六七頁）

ここで問題にしたいのは立教開宗のところですから、それに絞って見てみましょう。法然は、この二番目の立教開宗のところで、まず諸宗の立教開宗には、それぞれ違いがあることを述べた後に、道綽が聖道教と浄土教を立てて、一大仏教を判釈したと述べます。その聖道教とは、小乗・大乗のどちらにも説かれていますが、浄土教は、往生浄土の道として大乗仏教にしか説かれていません。それを浄土教と言うと述べて、この『大経』は、正しく浄土教すべてを収めている経典であると、最初に宣言しています。

それが終わると、今度は「次に横截五悪趣の文を以て、二門を分別する」（同上・六八頁）と言って、道綽が聖・浄二門を分けて浄土の一門を立てるのは、『大経』の「横截五悪趣の文」によることを述べます。この意は、道綽・善導・龍樹・曇鸞も同じ心であると述べて、正像の時代は過ぎたから、自力による聖道門は、行証が成り立たないと述べます。それに対して浄土門は、往生浄土の法門は、いまだ煩悩の迷いを断ぜずといえども、弥陀の願力に依って極楽に生ずるは、永く三界を離れて、六道生死を出ず。（同上・六八頁）

と述べて、末法の世で出離生死を願うなら、浄土門に帰すべきであると言います。その後に、「故に道綽禅師、この経の横截五悪趣の文を釈して云わく」（同上）と、先に引文した『安楽集』第七大門の文章を掲げて、天台・真言はみな頓教と名乗っていても、迷いを断っていないから実質は漸教です。この『大経』のみが頓中の頓教であると結論付けて、立教開宗の項を終わります。

このように法然は、立教開宗では道綽の聖道・浄土の判釈と、「横截五悪趣」の註釈で埋め尽くしていますので、道綽が浄土宗の立教開宗をしたと見ているのです。法然の講義を概観すると、道綽と善導で埋められていますが、聖道・浄土の判釈と浄土の一門のみは、道綽に譲ります。そこから見ると、道綽の浄土宗の立教開宗の教学的な内容付けをしたのが、善導だと思います。

親鸞もこの法然の教えを継承して、道綽和讃の最初に、聖道浄土の判釈のお仕事を讃えたのだと思われます。

二、道綽と善導の師資相承

すでにこの『高僧和讃講義』の第二巻目でも述べていますが、法然は道綽と善導の師資相承を見抜いたのは源信の『往生要集』であると、源信を讃えています。現代残っている『往生要集』の四編の講義でも、法然は、すべてにわたってそれに言及しています。さらに、『無量寿経釈』やその他の講義でも言っていますので、親鸞は門下の頃に、師の講義で常にそのことを聞いていたのだと思われます。少し長いのですが大切ですので、法然の『無量寿経釈』の講義を引文します。

往生要集の下に云わく。問う、もし凡下の輩また往生を得れば、云何が近代に彼の国土において求むる者は千万なれども、得るものは一二もなきや。答う。綽和尚の云わく。信心深（淳）からず、存るがごとく亡るがごときの故に。信心一ならず、決定せざるが故に。信心相続せず、余念間わるが故に。この三は相応せざるが故に往生すること能わず。もし三心具する者往生せずといわば、この処あることなし。導和尚云わく。もし能く上のごとく念念相続して畢命を斯とする者は、十は即ち十ながら生ず。もし専を捨てて雑業を修せんと欲せん者は、百の時に希に一二を得、千の時に希に三五を得。已上　この問答の意、明かなり。善導和尚の二修を以て、往生極楽の行を決せんと欲する者なり。意の云わく。もし専修に依りて行用する者は、千万悉く生ず、もし雑業に拠って欣求する者は一二も生じ叵し。既に恵心の意、西方の行においては、導和尚を以て、しかも指南となす。その余の末学、寧ろ依憑せざらんや。既に知ぬ、恵心なお以て敍用す、何に況やその余の世人においてをや。（中略）また綽禅師三信三不またこれ専雑二修の義なり。答の中の二文は一意を成ぜんがためなり、師資僩同して差うことなきのみ。

（『昭和新修法然上人全集』八五〜八六頁、中略筆者）

少し難しいと思われますので、その意味を取ってみましょう。「源信の『往生要集』の下巻に、次のように問いを出しています。浄土教では、凡夫の誰もが往生できると説いていますが、近代において浄土を求める者が無数にいるのに、往生を得ている者は、一人か二人しかいないのはなぜか。源信はそれに答えて、道綽が言うように、「不淳・不一・不相続」の心は、『大経』とは相応しない心だから、決して往生することはない。その反対に「淳心・一心・相続心」の三心で往生しないなら、第十八願に「若不生者」と誓われる本願が虚しく終わります。ですから、道綽が言うように、この三心がそろえば十人いれば十人ともに往生が叶います。もし三心がそろった専修念仏を捨てて、三不信の自力の雑行を修すれば、百人の中で稀に一人か二人、千人いれば稀に二人か三人しか往生しないでしょう。

このように道綽が説くことで明らかでしょう。善導は、道綽のこの「三不三信の誨」の三信を専修念仏として継承し、三不信を雑行と受け止めて、それを廃捨しました。ですから、専修念仏で往生を願うなら、千万人いてもすべてが往生します。もし雑行で往生を願っても、一人も往生はかないません。

源信は、この善導の専修念仏の指南によって願生しています。源信でさえそうなのですから、末学の者は専修念仏によるべきです。源信ほどの勝れた仏者が、道綽の「三不三信の誨」を、善導が専修念仏として継承した、そこに道綽と善導の師資相承があると見抜いていますから、他の者がそれに反発はできないでしょう。

ここの「師資雷同して差うことなきのみ」とは、師弟が一つになって全く異なることはないという意味ですから、道綽の「三不三信」と、善導の専修念仏と雑修とは、全く同じことであるという意味です。法然は、それを見抜いた源信は、実に優れた仏者であると褒めているのです。

しかし、よく考えると、道綽の「三不三信の誨」は曇鸞の三不信を継承していますが、『大経』の他力の信心の内実を、法と機に分けて明確にしたものです。それを善導は専修、つまり称名念仏として継承したわけですから、この師資相承には信から行へという転換があります。つまり、『大経』の他力の信心を、『観経』の称名念仏一つで継承したのです。ここに信から行への転換があるのですが、法然が『大経』の講義を、すべて称名念仏一つで読み通すのはそのためです。しかし、それを批判した明恵は、もしかしたら道綽と善導との師資相承に、信から行への変質があると見ていたのかもしれません。なぜなら、源信の『往生要集』は当時の仏者たちの必読書で、誰もが読んでいた書物ですから、それを明恵もよく知っていたはずです。

明恵のような観念的な仏教理解からすれば、行と信とは別として考える他はないでしょう。しかし、本願の仏道は行信不離ですから、『大経』の信心から『観経』の称名念仏への転換があったとしても、その称名念仏には、必ず本願の信が裏打ちされています。なぜなら、『観経』の下々品に説かれる称名念仏は、衆生の相対的な分別の臨終によって成り立つのですから、行と信に分けることすら意味をなさないからです。この行信不離は、法然が回心した『観経疏』の文によってもそれがよくわかります。

一心に弥陀の名号を専念して、行住座臥、時節の久近を問わず、念念に捨てざるは、これを正定の業と名づく。彼の仏願に順ずるが故に。（『真宗聖教全書』一・五三八頁）

この文の「順彼仏願故（彼の仏願に順ずるが故に）」が何よりも大切であることは、よくわかるでしょう。称名念仏を「正定の業」と決定するのは、何と言っても「順彼仏願故」の他力の信心です。善導はこの信心に立って、上来、定散両門の益を説くといえども、仏の本願の意を望まんには、衆生をして一向に専ら弥陀仏の名を称するに在り。

（『真宗聖教全書』一・五五八頁）

と言うのです。「仏の本願の意を望」む、ここに他力の信心が輝いています。善導は、この本願の信心に裏打ちされた称名念仏に立って、『観経』の教学を完成させていくのです。

先にも述べましたが、法然の講義を概観しますと、道綽・善導の教学で埋められていますが、そのほとんどが善導教学によります。しかし、聖・浄二門の教判は、必ず道綽に譲ります。それは法然が、浄土教の立教開宗は道綽のお仕事であり、その内容付けをした教学は、善導であると見ていたからではないでしょうか。

その法然の視点は、『教行信証』にも継承されています。「行巻」の道綽の引文は、『安楽集』から四文が引かれますが、そこでの行は「念仏三昧」で統一されています（『真宗聖典』一七一〜一七三頁）。ところが、善導の引文は、『往生礼讃』が五文、『観経疏』「玄義分」が二文、『観念法門』が二文、『般舟讃』が一文の計十文ですが、そこでの行はすべて称名念仏で統一されています（『真宗聖典』一七三〜一七七頁）。

道綽の「念仏三昧」という言葉は、単なる称名念仏というよりも、「三昧」と言うのですから、念仏によって心を静め、阿弥陀如来に遇うということまでを包んだ、含みの多い表現です。『浄土論』

の、

観仏本願力　遇無空過者　能令速満足　功徳大宝海

（『真宗聖典』一三七頁）

という信心の利益まで包んだ言葉でしょう。つまり、聖道門の眼から見れば、観仏三昧による見仏の利益を包んだ表現になっているのです。そうであれば、聖道門の観仏三昧と念仏三昧の行との異質性が明確になりません。自力無効がわからない聖道門の眼で見れば、止観行と念仏とはどちらが優れているかという、行行相対の考え方しかできないわけですから、より難しい観仏三昧のほうが優れていると考えるのも当然でしょう。そうであれば、観仏三昧が主で、念仏三昧は凡夫のための方便の行であると見られても仕方がない余地を残しているのです。

それに対して、善導の称名念仏は、行という視点で言えば、聖道門の観仏三昧とは決定的に異質です。そこに善導の大きな仕事があります。そもそも浄土門の独立を言うのなら、教・行・証の三点で聖道門との異質性を明確にする必要があります。その上で、その教・行・証に一乗が実現することを証明して、浄土門の絶対性を標榜しなければなりません。道綽の残していた行の課題を、『観経』の称名念仏一つと決定したのは善導です。そのためには、第一講の「時機の目覚め」でも述べましたが、道綽の第十八願の読み替えが、大きなヒントになったのでしょう。道綽の言う実践の称名念仏、それを礎石にして善導教学の全体が成り立っているのだと思います。親鸞が「行巻」の引文を、道綽が念仏三昧、善導が称名念仏と二つに分けるのは、そのためだと思います。

道綽は時機の自覚に立って、聖道門と浄土門を判釈し、末法の凡夫にとっては浄土の一門しか通入する道はないと、浄土門の立教開宗を宣言します。しかし行に関しては、未だ称名念仏一つに徹底されたとは言い難い面を残しています。行が明確でなければ、聖道門から寓宗と見られても仕方がありません。それに対して、『観経』の称名念仏こそ末世の凡夫の唯一つの行である、それが善導によって確立されて、改めて道綽の聖浄二門の判釈が輝きを増すのです。道綽・善導の子弟の間で、称名念仏の行による浄土教の独立という大事業が完成するのでしょう。その大事業を片州濁世の日本で、法然が現実化したのです。ところが、その称名念仏に対して『摧邪輪』のような批判が起こったわけですから、念仏によって一切衆生が救われる理由を、『大経』の本願成就の信心に立って証明したのが親鸞の『教行信証』です。

三、浄土門の系譜

『選択集』では、最初に『安楽集』の文を引用して道綽の聖浄二門の判釈を述べた後、「私に云く」と、法然が自分の了解を述べます。特にその中でも注目してほしい文章が、曇鸞の『浄土論註』のいわゆる二道釈といわれる文章です。

「曇鸞法師の『往生論註』に云わく。「謹みて龍樹菩薩の十住毘婆沙を案ずるに云わく」(『真宗聖教全書』一・九三二頁)と出てきます。一字の間違いもありませんから、法然は『論註』を参照しながら引用していると思われます。法然の講義の中で『論註』の文章が出てくるのは、ここの一箇所だけです。

皆さんもご存知のように、『選択集』の同じ箇所に、

初めに正しく往生浄土を明かす教というは、三経一論これなり。三経というは、一には『無量寿経』、二には『観無量寿経』、三には『阿弥陀経』なり。一論というは、天親の『往生論』これなり。

(『真宗聖教全書』一・九三二頁)

と書かれていますが、「三経一論」と言っておきながら、法然の講義のどこを見ても『浄土論』は出てきません。さらに、『浄土論』の註釈である『浄土論註』も、先ほどの易行道釈の一箇所のみしかありません。法然は、『論』と『論註』とは『大経』の他力の信心に言及しなければならないために、講義の中で敢えて避けたと思われます。ただ、ここに『論註』の二道釈が出ますが、本願の信心を明らかにするためではなくて、道綽の聖道・浄土の二門の判釈の系譜を明らかにするためです。

『論註』の二道釈は、難行道・易行道という龍樹からの系譜です。その二道釈を受けて道綽が聖道門と浄土門の判釈をしたのですから、浄土門の系譜を法然は、龍樹・曇鸞・道綽と押さえていることになります。

私たちは親鸞の仏教を学んでいますから、その伝統は当然だと思っていますが、一代仏教を学んでいる人たちからすれば、それほど当然なことではありません。なぜなら、法然が『選択集』の中で、「道綽・善導の一家に依って、師資相承の血脈を論ずるものなり」（『真宗聖教全書』一・九三四頁）と、その血脈を揚げていますが、

これにまた両説あり、一には菩提流支三蔵・慧寵法師・道場法師・曇鸞法師・大海禅師・法上法師。（已上『安楽集』に出ず）二には菩提流支三蔵・曇鸞法師・道綽禅師・善導禅師・懐感法師・小康法師なり。（已上『唐』『宋』両伝に出ず）（同上）

と、二つの伝統が挙げられます。法然でも、親鸞のように、その伝統がはっきりしていません。『高僧和讃講義』第二巻では、法然が二つの伝統を掲げているにもかかわらず、七祖の伝統を決定したのは親鸞の択法眼であると、親鸞のところからその理由を尋ねてみました。

龍樹・天親・曇鸞は、『大経』の他力の信心を明らかにした系譜です。それを決定したのは、最初

に龍樹を掲げながら、天親の『浄土論』を註釈した曇鸞の二道釈ですから、そこに上三祖の伝統があります。その曇鸞の『大経』の信心である三不信を道綽は「三不三信」として展開し、さらに善導はその三信を一向専修の称名念仏として師資相承し、三不信のほうは雑行として廃捨したのです。その道綽と善導の師資相承を見抜き、自らも念仏に生きた仏者が源信でしたから、龍樹・天親・曇鸞・道綽・善導・源信・源空という、親鸞の七祖の伝統は完成したのでした。

しかし、『選択集』をはじめとする法然の講義に耳を澄ませると、「道綽・善導の一家に依って、師資相承の血脈を論ずる」と言って、『選択集』の冒頭でも、道綽の聖浄二門の判釈は『論註』の二道釈にその根拠があると、龍樹と曇鸞を掲げています。さらに、浄土宗の根本聖典を「三経一論」と言うわけですから、それだけでも龍樹・天親・曇鸞・道綽・善導の系譜はすぐに決定します。さらに法然は、道綽・善導の師資相承を見抜いたのは源信であり、源信自身もその教えに生きた先達であると褒めるのですから、源信・源空もすぐに決まります。おそらく親鸞は、法然門下のときにその講義をよく聞いて、法然の講義の中ですでに七祖が決定されていたのだと推測されます。

四、曇鸞と道綽との師資相承

さて道綽和讃の四首目を見てみましょう。

四　鸞師のおしえをうけつたえ
綽和尚はもろともに
在此起心立行は
此是自力とさだめたり

（『真宗聖典』四九四頁）

この和讃の意味は、「道綽は曇鸞の教えを受け伝えて、曇鸞と同じように、この世で菩提心を起こし修行するのは、自力と決定しました」。この四首目の和讃は、「鸞師のおしえをうけつたえ」という言葉から始まります。『安楽集』第三大門は、すでに述べたように道綽の聖浄二門の判釈から始まり、『論註』巻頭の二道釈が述べられ、さらに巻末の他力釈が述べられます。その『論註』の二つを受けて、道綽は次のように述べます。

衆生もまたしかなり。ここに在りて心を起こし行を立て浄土に生まれんと願ず、これはこれ自力なり。命終の時に臨みて、阿弥陀如来光台迎接して、遂に往生を得るを即ち他力と為す。故に『大経』に云わく。「十方の人天、我が国に生ぜんと欲わん者は皆阿弥陀如来の大願業力を以て増上縁と為さざるは莫しと。」もしかくの如くならずば、四十八願便ちこれ徒設ならん。後の学者に語る、既に他力の乗ずべきあり、自ら己が分を局りて、徒に火宅に在ることを得ざれ。

（『真宗聖教全書』一・四〇六頁）

四首目の和讃は、この文の「ここに在りて心を起こし行を立て浄土に生まれんと願ず、これはこれ自力なり」という文を和讃に詠ったものです。この文をよく見ますと、主体が「浄土に生まれんと願ずるは」と述べられていて、浄土を願生する者の自力、つまり浄土門の中の自力を表しています。ですからこの文の「在此起心立行」という言葉は、第二十・植諸徳本の願の、本能的な自力を表しているのです。

それは、『観経』の第十九願の信心では明確に表すことができない、複雑な問題をはらんでいます。衆生のほうからは解けない問題で、『大経』の信心の智慧によるしかない問題ですから、この第二十願の問題を明確にするのは、親鸞を待たなければなりません。そうであれば親鸞は、この文章こそが道綽が曇鸞の『大経』の三不信を継承した文であると、見ていたのではないでしょうか。その意味では、単なる聖道門の自力を批判する文とは、一線を画していると思われます。

ここに『大経』が引かれ、「故に『大経』に云わく。「十方の人天、我が国に生ぜんと欲わん者は皆阿弥陀如来の大願業力を以て増上縁と為さざるは莫しと。」もしかくの如くならずば、四十八願便ちこれ徒設ならん」と、他力の仏道の経証が述べられます。「もし一切衆生が浄土へ生まれたいと欲するなら、皆、阿弥陀如来の本願力を増上縁として往生がかなうのです。そうでなければ、阿弥陀如来の四十八願が徒に設けられたことになるではないか」という意味です。しかし、この言葉は直接には『大経』の中にはありません。『論註』巻末の覈求其本釈の、「しかるに、覈に其の本を求むるに、阿弥陀如来を増上縁と為す」（『真宗聖教全書』一・三四七頁）という、曇鸞の言葉による道綽の取意だと思われます。

第十八願では、本願力による往生が説かれていますから、先の三不信に対して本願の三心の意義が表されているところです。その意味では「阿弥陀如来の大願業力を以て増上縁と為」すとは、「淳心・一心・相続心」の三信の経証と見ることができます。しかも道綽の文の最後が、「もしかくの如くならずば、四十八願便ちこれ徒設ならん」で終わります。この言葉も『論註』の「他利利他の深義」が終わった後に、「もし仏力に非ずば、四十八願便ちこれ徒設ならん」（同上）という曇鸞の言葉を、道綽が転用したものです。

この文の少し前ですが、第二大門の最後が道綽の「三不三信の誨」で終わっていきます。ご存知のように、「三不三信の誨」の最後は、「この三心を具して、もし生まれずといわば、この処あることなけん」（『真宗聖教全書』一・四〇五頁）で終わります。「この処あることなけん」とは、『大経』の三心によってもし浄土に生まれなかったならば、四十八願が虚しく終わるではないかと言うのです。

ですから、第二大門の最後の言葉と、第三大門の初めに、曇鸞の文を受けて道綽が「もしかくの如くならずば、四十八願便ちこれ徒設ならん」と言うことが、見事に符合しています。ここに親鸞は、曇鸞と道綽の師資相承があると見たのでしょう。ですから親鸞がこの文を和讃して、「鸞師のおしえをうけつたえ」と詠うのだと思います。

五、阿弥陀の本願力だけが凡夫を救う

それでは最後に、三首の和讃に注目してみましょう。

五　濁世の起悪造罪は
　暴風駛雨にことならず
　諸仏これらをあわれみて
　すすめて浄土に帰せしめり

六　一形悪をつくれども
　専精にこころをかけしめて
　つねに念仏せしむれば
　諸障自然にのぞこりぬ

七　縦令一生造悪の
　　衆生引接のためにとて
　　称我名字と願じつつ
　　　若不生者とちかいたり
（『真宗聖典』四九四～四九五頁）

初めの五首目の和讃は、「五濁悪世の衆生が悪い心を起こして罪を造るのは、あたかも暴風駛雨のようです。諸仏はその濁悪の凡夫を哀れんで、浄土に帰せよと勧めてくださるのです」という意味です。六首目は、「生涯悪を造ったとしても、専ら阿弥陀仏に心をかけて常に念仏すれば、もろもろの罪障は自然に除かれます」。最後の和讃は、「たとえ一生涯悪を造ったとしても、その衆生を浄土に生まれさせるために、我が名号を称えよと願い、もし生まれなければ仏に成らないと誓ってくださっています」と、詠っています。

これらの和讃はすでに述べましたように、『選択集』の教相章で法然が引用した、『安楽集』の文章に依っています。必要なところだけを抜粋しておきます。

この故に大経に云わく。もし衆生ありて、たとい一生悪を造れども、命終の時に臨みて、十念相続して我が名字を称せんに、もし生まれずば、正覚を取らじと。（中略）もし起悪造罪を論ぜば、何ぞ暴風駛雨に異ならん。ここを以て諸仏の大慈、勧めて浄土に帰せしめたまう。たとい一形悪を造れども、ただ能く意を繫げて、専精に常に能く念仏すれば、一切の諸障自然に消除して、定んで往生を得ん。何ぞ思量せずして、すべて去く心なきやと。

（『真宗聖教全書』一・九二九〜九三〇頁、中略筆者）

この文は、まず道綽の二門の判釈が述べられ、聖道門が成り立たない理由が二つ挙げられた後に、その経証として『大集月蔵経』と『大経』が挙げられます。先の三つの和讃は、この『大経』の経証以降の文から取られていますので、上に引用してみました。

見てすぐにわかるように、道綽の徹底した凡夫の自覚を表す言葉が詠われています。『大集月蔵経』では「我が末法の時の中に億億の衆生」（『真宗聖教全書』一・九二九頁）と、「時機」の自覚から引文されて、末法の五濁の凡夫に開かれた仏道は、浄土の一門のみであるという経証が説かれます。しかし、すでに述べたようにこの「時機」の自覚の本は、機の自覚です。機の自覚の悲歎が源泉となって、時と世とに展開し歎異になるのですから、親鸞は、道綽の徹底した凡夫の自覚と、それこそを救わんとする本願の名号を、最後に讃えるのです。

曇鸞の凡夫の自覚を、道綽は、「濁世の起悪造罪は　暴風駛雨にことならず」とか、「一形悪をつくれども」とか、「縦令一生造悪の」という悲痛な言葉で徹底させています。そこに道綽の発揮があります。しかも、それをこそ正機として、『大経』の本願力が「若不生者」と誓うのですから、『歎異抄』で言えば「悪人成仏」（『真宗聖典』六二八〜六二九頁）になりますし、『教行信証』で言えば「信巻」の「悲歎述懐」以降の、「唯除五逆　誹謗正法」の問題（『真宗聖典』二五一〜二七八頁）になるでしょう。

さらに言えば、親鸞は「諸仏これらをあわれみて　すすめて浄土に帰せしめり」と詠いますから、これが善導へ「護念増上縁」として受け継がれますし、「つねに念仏せしむれば　諸障自然にのぞこりぬ」と詠いますから、これが「滅罪増上縁」として受け継がれるのだと思われます。

質問　「五濁の世、無仏の時」について、もう少し詳しく解説を、お願いします。

この言葉の原典は、『論註』の二道釈です。そこに次のように述べられています。

謹んで龍樹菩薩の『十住毘婆沙』を案ずるに云わく。菩薩、阿毘跋致を求むるに、二種の道あり。一つには難行道、二つには易行道なり。難行道は、謂わく五濁の世、無仏の時に阿毘跋致を求むるを難とす。

（『真宗聖教全書』一・二七九頁）

龍樹が難行道と易行道を分けるときの理由は、諸々の行を長い時間かけて行じなければならない、だから、二乗に転落すると説かれています。ですから、この諸・久・堕の三難が、難行道の理由になります。ところが曇鸞のところでは、その理由が「五濁の世、無仏の時」になるのです。龍樹の理由を、伝統的な言葉で言うと、行自体が難しいという意味ですから、「行体の難」と言います。それに対して、曇鸞は「五濁の世、無仏の時」と言うわけです。言い換えれば、時代社会が悪いと言うわけです。これを「行縁の難」と言います。そうすると仏道が実現しない理由を、時代社会の責任に擦り付けて、自分には責任がないというように聞えますが、そんなはずはありません。凡夫の自覚に立ったときに初めて見えてくる時代社会の全体が、「五濁の世、無仏の時」という形で、曇鸞の課題になっているのです。

この時代社会の難が、五つ挙げられます。

一つには外道の相善は菩薩の法を乱る、二つには声聞は自利にして大慈悲を障う、三つには悪を顧みることなき人は他の勝徳をを破す、四つには顚倒の善果能く梵行を壊る、五つにはただこれ自力にして他力の持つなし。（同上）

これが曇鸞の機の自覚を五つに開いて、「五濁の世、無仏の時」の実相を言い当てているのです。道綽はそれを受けて、「大聖を去ること遙遠なるに由る」と、「理深く解微なるに由る」と言うのです。つまり、釈尊がいない時代を生きる私たちには、仏とは何かがわからないという問題です。それは究極的には、人間の欲望のみで作り上げられた社会ですから、ただ五濁のみがあって、何を真実の依り処とすればよいかわからずに、自我中心の時代社会となっていくのです。そこに貧困や戦争、差別が生まれるのですから、「五濁の世、無仏の時」とは、現代の私たちの問題をはっきりと見破っています。それは他力の信心の智慧でしかわからないことです。ここでは五つの難の一つひとつの解説は避けますが、ゆっくり本格的に勉強して、我々に何を教えているかを学び取らなければなりません。

講義の中でも述べたように、常識では環境と主体とを分けて考えます。私たちは、世界の問題と主体とは違うと、無意識に思い込んでいます。しかし、事実と思い込みとは違います。事実は、水俣の問題でもわかるように、環境が死ねば、そこに生きている人間も必ず死ぬのです。つまり人間の分別とは違って、事実は「身土不二」なのです。このように相対分別を超えた、身土不二の如来の智慧に貫かれるのが、他力の信心を得るということです。

その意味ではこの五難は、単なる常識で見た世界情勢とか、歴史的な事象のみで限定される言葉ではなくて、完全に宗教的な自覚語です。徹底した機の自覚が、自力無効という一点で世と一つになって、身の悲歎が世界の歎異へと展開したものです。それについては、すでに講義で述べていますので、もう一度読み返していただければ幸いです。

第五部　善導和讃

善導和讃　第一講

一、善導和讃全体の概説

善導和讃

一　大心海より化してこそ
　善導和尚とおわしけれ
　末代濁世のためにとて
　十方諸仏に証をこう

二　世世に善導いでたまい
　法照少康としめしつつ
　功徳蔵をひらきてぞ

諸仏の本意とげたまう

三　弥陀の名願によらざれば
百千万劫すぐれども
いつつのさわりはなれねば
女身をいかでか転ずべき

四　釈迦は要門ひらきつつ
定散諸機をこしらえて
正雑二行方便し
ひとえに専修をすすめしむ

五　助正ならべて修するをば
すなわち雑修となづけたり
一心をえざるひとなれば
仏恩報ずるこころなし

六　仏号むねと修すれども
現世をいのる行者をば
これも雑修となづけてぞ

七　千中無一ときらわるる
こころはひとつにあらねども
雑行雑修これにたり
浄土の行にあらぬをば
ひとえに雑行となづけたり

八　善導大師証をこい
定散二心をひるがえし
貪瞋二河の譬喩をとき
弘願の信心守護せしむ

九　経道滅尽ときいたり
如来出世の本意なる
弘願真宗にあいぬれば
凡夫念じてさとるなり

十　仏法力の不思議には
諸邪業繫さわらねば
弥陀の本弘誓願を

増上縁となづけたり

十一　願力成就の報土には
自力の心行いたらねば
大小聖人みなながら
如来の弘誓に乗ずなり

十二　煩悩具足と信知して
本願力に乗ずれば
すなわち穢身すてはてて
法性常楽証せしむ

十三　釈迦弥陀は慈悲の父母
種種に善巧方便し
われらが無上の信心を
発起せしめたまいけり

十四　真心徹到するひとは
金剛心なりければ
三品の懺悔するひとと

ひとしと宗師はのたまえり

十五　五濁悪世のわれらこそ
　金剛の信心ばかりにて
　ながく生死をすてはてて
　自然の浄土にいたるなれ

十六　金剛堅固の信心の
　さだまるときをまちえてぞ
　弥陀の心光摂護して
　ながく生死をへだてける

十七　真実信心えざるをば
　一心かけぬとおしえたり
　一心かけたるひとはみな
　三信具せずとおもうべし

十八　利他の信楽うるひとは
　願に相応するゆえに
　教と仏語にしたがえば

外の雑縁さらになし

十九　真宗念仏ききえつつ
一念無疑なるをこそ
希有最勝人とほめ
正念をうとはさだめたれ

二十　本願相応せざるゆえ
雑縁きたりみだるなり
信心乱失するをこそ
正念うすとはのべたまえ

二十一　信は願より生ずれば
念仏成仏自然なり
自然はすなわち報土なり
証大涅槃うたがわず

二十二　五濁増のときいたり
疑謗のともがらおおくして
道俗ともにあいきらい

修するをみてはあたをなす

二十三　本願毀滅のともがらは
生盲闡提となづけたり
大地微塵劫をへて
ながく三塗にしずむなり

二十四　西路を指授せしかども
自障障他せしほどに
曠劫已来もいたずらに
むなしくこそはすぎにけれ

二十五　弘誓のちからをかぶらずは
いずれのときにか娑婆をいでん
仏恩ふかくおもいつつ
つねに弥陀を念ずべし

二十六　娑婆永劫の苦をすてて
浄土無為を期すること
本師釈迦のちからなり

長時に慈恩を報ずべし
已上善導大師

（『真宗聖典』四九五～四九七頁）

ここからは、善導和讃を拝読していきましょう。ご存知のように、善導の和讃は曇鸞の次に多く、全部で二十六首にわたります。七祖の中で、曇鸞が『大経』の教えを集大成した仏者であるのに対して、善導は『観経』の教学の大成者と見ることができますから、曇鸞和讃の三十四首に次いで、多くの和讃が詠われたのであると思われます。

最初に、二十六首全体をどう見るかという、大まかな目安を述べておきましょう。一～二首目は、善導和讃の全体を包む総相に当たる和讃だと思います。三～九首目は、『観経』の教説に則って詠われた和讃だと思われます。ですから機・法という視点で言えば、定散自力の雑修という機の問題に重点が置かれますし、行という視点で言えば、自力の雑修に対して専修念仏の正行が明確に押さえられています。

十首目からは、専修念仏を成り立たせている本願の信心に、視点が移っていきます。煩悩具足の凡夫に「法性常楽証せしむ」のは本願力によると、誓願不思議のはたらきが詠われていきます。本願の教えが説かれるということは、弘願を説く『大経』によっています。ですからここは機・法という視点で言えば、『大経』の法に重きが置かれますし、行信という視点で言えば、信心に焦点が絞られています。『観経』の称名念仏一つを成り立たしめるのは『大経』の本願ですから、その本願力が詠われるのです。

そして最後には、

二十五　弘誓のちからをかぶらずは
　　いずれのときにか娑婆をいでん
　　仏恩ふかくおもいつつ
　　つねに弥陀を念ずべし

二十六　娑婆永劫の苦をすてて
　　浄土無為を期すること
　　本師釈迦のちからなり
　　長時に慈恩を報ずべし

（『真宗聖典』四九七頁）

と結ばれます。つまりこれまで詠われてきた内容は、『大経』の弥陀の恩徳と、『観経』の釈尊の恩徳との二つに極まっていくのです。善導和讃二十六首が、『観経』の釈尊の説法から始まって、『大経』

の弥陀の本願の教えに展開し、最後に釈尊の大悲に帰っていきます。つまり『観経』と『大経』によりながら、釈迦弥陀二尊の教勅を大切に讃詠していることになります。和讃全体を大きく見ると、このように考えられるかと思います。

釈尊は、『大経』と『観経』と『阿弥陀経』を説いてくださいました。つまり、釈尊は根本教主なのですが、特に『大経』は、弥陀の本願を説くことに中心があります。ですから『大経』の教説からすると、弥陀が救主で、釈尊が根本教主であると、善導が教えてくださるのです。

親鸞の『教行信証』はこの二尊の教勅に貫かれていて、釈迦弥陀二尊の大悲を讃仰しています。「教巻」ではすぐに『大経』の大意が掲げられますが、そこも釈迦と弥陀に分けられます。弥陀は凡小を哀れんで、功徳の宝としての名号を説き、釈迦は群萌を救うために本願を説いたと、『教行信証』はそこから始まります。そして教・行・信・証と阿弥陀如来の本願の救いが説かれて、「証巻」の往相回向の最後は、釈尊の恩徳に帰っていきます。それについては改めてこの講義の中でお話しします。

ともかく『観経』の釈尊の説法によって自力無効を知らされ、『大経』の弥陀の弘願に救われていく、それしか凡夫が救われる道はありません。親鸞はそれを次のように詠うのです。

十三　釈迦弥陀は慈悲の父母
　　　種種に善巧方便し

われらが無上の信心を
発起せしめたまいけり
（『真宗聖典』四九六頁）

言うまでもありませんが、親鸞にとっては法然の教えに遇うたことです。それを親鸞は、「ただ念仏して、弥陀にたすけられまいらすべしと、よきひとのおおせをかぶりて、信ずるほかに別の子細なきなり」（『真宗聖典』六二七頁）と述べています。善知識の教えの中に、弥陀の本願の深い意味を聞き取って、その同じ体験を『教行信証』では「雑行を棄てて本願に帰す」（『真宗聖典』三九九頁）と述べられます。ですから仏道の実践としては、ここに詠われるように釈迦、弥陀の順になります。根本教主としての釈尊と、救主としての阿弥陀如来の二尊の教勅が、善導の教えの重要なポイントの一つになります。親鸞はそれを主体的に引き受けられて、次のように、

如来大悲の恩徳は
身を粉にしても報ずべし
師主知識の恩徳も
ほねをくだきても謝すべし
（『真宗聖典』五〇五頁）

と、救われた弥陀の本願のほうから「恩徳讃」を詠うのです。

善導和讃の全体を概観しますと、『観経』の釈尊の教えと、『大経』の弥陀の本願の教え、その二つを二尊教として讃える、この三つの視点が中心となって和讃されているように思います。以下、それらを尋ねていきましょう。

二、善導和讃の総相

1、総相和讃の意味

それで、ここからは善導和讃を、皆さんと一緒に少しずつ拝読していきたいと思います。まず全体の総相となる、次の和讃を考えてみましょう。

一　大心海より化してこそ
　　善導和尚とおわしけれ
　　末代濁世のためにとて
　　十方諸仏に証をこう

二　世世に善導いでたまい
　　法照少康としめしつつ
　　功徳蔵をひらきてぞ
　　諸仏の本意とげたまう
（『真宗聖典』四九五頁）

第一首目の和讃は、「如来の大心海より応化した仏者こそ、善導和尚です。末法濁世の凡夫のために『観経疏』を著して、十方諸仏の証明を請われたのです」。二首目は、「善導は命終わった後も、法照・少康として世に出て、本願の名号の功徳を説き開いて、諸仏の本意を遂げてくださいました」という意味です。

最初の和讃は、「大心海より化してこそ」と詠われます。「大心海」とは阿弥陀如来の智慧の願海ですから、善導大師は、阿弥陀の世界から如来の化身として衆生の身に応じて現れ、末代濁世のために『観経』の註釈書を著して、十方諸仏の証明を請うてくださったと、詠われます。この同じ感動を親鸞は「正信偈」で、「善導独り、仏の正意を明かせり。定散と逆悪とを矜哀して、光明名号、因縁を顕す」（『真宗聖典』二〇七頁）と詠っています。『観経疏』は古今楷定の書と言われるように、『観経』は観仏三昧を宗とするのではなく、本願の念仏一つを説いた経典であると、善導独自の了解を打ち立てますが、それは個人の了解ではなく、釈尊と同じように、阿弥陀如来の応化身として説いてくださったと言うのです。

応化身としての善導は、阿弥陀如来の大心海を背景にしています。阿弥陀如来は諸仏の根源仏ですから、一切の諸仏はそこから生まれてきます。阿弥陀の大心海にまで突き抜けているのですから、たとえ『観経疏』が、その当時の人々に受け入れられなかったとしても、五十年後、百年後には、必ず真実であることを証明する諸仏が現れます。それが法照・少康ですし、国家をも越えて法然を生んだのです。応化身としての善導は、個人や国家や時を超えて、「諸仏の本意をとげ」る仏者を無数に生むと詠うのです。

松原祐善先生は、曽我量深先生の弟子でしたが、清沢満之先生を師と仰いだ念仏者でした。松原先生の晩年に、寺川俊昭先生と二人で、福井県大野市のご自坊を尋ねたことがありました。座敷に通されるとすぐに寺川先生が、「最近、清沢先生には還相回向がない」という批判がありますがと切り出すと、松原先生は真っ赤な顔でいきなり机を叩いて、「そんなものは、生きた清沢先生に遇ってないわね」と大声で怒鳴られました。そして大悲の人清沢満之について、滔々と語られました。

そのとき二つのことが問題になりました。一つは、衆生の利他行を還相回向と言ってもいいのかという問題です。寺川先生は、「往相回向も還相回向もどちらも衆生を仏道に立たせる如来の根源力ですから、還相回向と衆生の利他行とは全く異質である」と、親鸞の二種回向論を長く述べられました。「特に還相回向は如来の利他行であって、究極的には釈尊をはじめとする善知識の教化である」と述べて、「いかがでしょうか」と尋ねられました。松原先生はしばらく考えて、親鸞の二種回向論は究極的には、「寺川先生が、今言ったことに尽きるでしょう」と答えられました。

もう一つの問題は、清沢満之の信仰は、個人の殻に閉じこもって他との関係を充分に持てなかった、その意味で利他行がないという批判です。それについては松原先生が、長く語られました。清沢先生の生い立ちから始まって、沢柳政太郎や稲葉昌丸や今川覚神などの友人にどれだけ大きな感化を与えたか、また浩々洞で佐々木月樵・暁烏敏・多田鼎等の多くの弟子を輩出したこと、さらに真宗大学を建てて多くの学生を育て、ひいては松原先生自身の生き方まで決定したことを、情熱を込めて語られました。そして最後に大きな声で先生が、「必ず、歴史が証明しますわね」と言われたことを、昨日のことのように思い出します。

この「必ず、歴史が証明します」という言葉は、松原先生に護持養育される中で、私の心の奥深くに刻み込まれたお言葉の一つです。ほとんどが清沢先生との関係の中で述べられたように記憶しています。たとえば先のように、松原先生が充分な説明を尽くしているにもかかわらず、清沢先生の仏道了解を認めないと、批判されるような場面に何度も遭遇しました。そんなとき決まって、「心配せんでもいい。必ず、歴史が証明しますわね」と仰っていました。先生は、目の前の出来事を通して、その根源にはたらいて止まない本願の真実を見通している、その厳粛さを感じると同時に、腹の底から出る先生の声に、なぜか私は安心感を覚えました。親鸞が、「信順を因とし疑謗を縁として」(『真宗聖典』四〇〇頁）と言うように、賛成、反対を超えてその根源にはたらいて止まない如来の大心海にまで突き抜けた、松原先生の択法眼が輝いていたのだと思います。

この第一～第二首目の和讃は、そのような意味で光明無量・寿命無量の大きくて広い本願海から応化した善導を讃仰しています。それこそが、善導のお仕事を仏事として貫徹した根源だから、これらを、和讃全体の総相にしたのだと思います。

2、法照・少康について

法然は『選択集』の中で、浄土教の系譜を二つ述べます。

> 今はしばらく道綽・善導の一家に依りて、師資相承の血脈を論ずるものなり。これにまた両説あり、一には菩提流支三蔵・慧寵法師・道場法師・曇鸞法師・大海禅師・法上法師。（已上『安楽集』に出ず）二には菩提流支三蔵・曇鸞法師・道綽禅師・善導禅師・懐感法師・少康法師なり。（已上『唐』『宋』両伝に出ず）
>
> （『真宗聖教全書』一・九三四頁）

前半の系譜は「已上『安楽集』に出ず」と割注があるように、『安楽集』の第四大門に、道綽が中国の六大徳を挙げる（『真宗聖教全書』一・四一三頁）のですが、それに全面的によった系譜です。二番目の系譜は「已上『唐』『宗』両伝に出ず」と割注がありますが、『唐』『宋』両伝にはここに示される系譜は見られないことから、法然が伝記の中から中国の高僧を選び出して、独自に決めた系譜であると思われます。

ところが親鸞が第二首目で、「世世に善導いでたまい　法照少康としめしつつ」と詠いますが、法然が示した系譜には、法照の名前が挙げられていないのです。中国仏教では法照は善導の後身、つまり善導の生まれ変わりとして崇められ、少康は後善導として尊敬されていて、どちらも善導のお仕事を継承したことは誰もが認めるところです。

それにもかかわらず法然が法照を挙げないのは何故かを、野上俊静先生は『中国浄土教史論』（法藏館）の中で追究しておられます。先生は中国の高僧伝を綿密に検討されて、少康には「後善導」という記載が多く見られますが、法照には「後身」という記載が一切見られないことに由るのではないか。さらに、その「後身」という記載は、善導の伝記の中で彼の往生とともに述べられる言葉で、法照それ自身の伝記の中には見られない。その二つを理由にして、法然は少康のみを取り挙げたのであろうと考察されています。優れた見識で、多くのことを学ばせていただきました。

しかし私は、法照を何の説明もなく浄土教の系譜に入れると、日本の仏教界に大きな混乱を招くであろうと、法然が配慮したのだと思います。なぜかと言うと、実は法照は、比叡山の山の念仏、つまり常行三昧堂を中心に阿弥陀仏を見る修行の念仏の、源流になった中国の仏者です。

後に比叡山の三代目の座主になった慈覚大師円仁が、承和五（八三八）年に藤原常嗣にしたがって第十七次遣唐使として入唐します。そのとき円仁は、艱難辛苦の末に五台山にのぼり、法照の五会念仏や天台の法門を中心に学びます。円仁は法照が開いた竹林寺で、当時中国で盛んに行われていた五会念仏の法要に遇うのです。

この五会念仏とは、法照自身が『浄土五会念仏誦経観行儀』に記しているように、般舟念仏道場で念仏三昧を修めているとき、阿弥陀如来から『無量寿経』による五会念仏の法門を授けられたというものです。それは、念仏の行法と言ってもいいもので、逮夜・晨朝・日中・初逮夜・中逮夜の五つからなっていて、私たちが儀式で使う称名念仏の、初重・二重・三重によく似ています。最初は低くゆっくりと「南無阿弥陀仏」を称え、低い音から少しずつ高くなって、早くなったり遅くなったりしながら、最後は一番高い音で、「阿弥陀仏」と称えるようです。初めて行道としての念仏を整備したもので、それが説かれている法照の『浄土五会念仏略法事儀讃』を円仁が日本に持ち帰り、それが観仏三昧を中心とする修行の念仏として、比叡山に定着することになるのです。

法然も親鸞も比叡山時代には、修行の念仏を実践して挫折し、選択本願の念仏に帰依したのです。また当時の仏教者は、法照が山の念仏の源流であることは周知のことですから、法然は修行の念仏と本願の念仏との混同を避けるために、法照を浄土教の系譜から外したのだと思います。

それに対して少康も、唐時代に善導の後を継ぎ浄土を願生した高僧です。貞元の初めに洛陽の白馬寺で、善導の著作に触れ大いに感動して、長安の光明寺の善導大師の影堂に詣でます。そこで大師の霊告を受けて、専修念仏に決定させられるのです。それ以降、厳粛な念仏の行者として、念仏道場を開き人を集めて常に行道の実践に励まれました。信者の布施によって集まったお金を、子どもたちに与えて念仏させたという伝説や、彼が高座に上がり念仏すれば口から仏が現れたという伝説は、たくさんの往生伝に記されています。貞元二十一（八〇五）年に入滅したと伝えられますが、彼を後善導と呼んで、後の人々の尊崇を受けたと伝えられています。

往生伝としては最も古い『往生西方浄土瑞応刪伝』は、文諗と少康との共編と伝えられていますが、必ずしも定かではないと言われています。つまり、少康には著作が残されてないのです。そのため法然の浄土教の系譜に挙げられるのですが、彼の文章を見ることはありません。親鸞の『教行信証』「行巻」の、中国十師の中にも挙げられていないのはそのためでしょう。

3、善導の六字釈と親鸞の名号解釈

これらのことは当然のように親鸞も熟知していて、『教行信証』の「行巻」の中国十師の先頭に円仁が請来した『浄土五会念仏略法事儀讃』を掲げて、法照は比叡山の修行の念仏を説いたのではなく、「念仏成仏はこれ真宗なり」（『真宗聖典』一七九頁）という『大経』の核心を明らかにした仏者であると讃えるのです。法然に遇って『大経』の本願力に目覚めてみれば、法照は紛れもなく本願の仏者です。比叡山時代のあの修行は一体何だったのか、親鸞には長年、自力の仏教に惑わされてきたという思いさえあったのではないでしょうか。

この中国十師の引文のところでは、冒頭の法照を長く引文して、十師全体の総相にしています。後の中国の祖師たちは、この法照の「念仏成仏はこれ真宗なり」を核として、「大涅槃を証することは、願力の回向に籍りてなり」(『真宗聖典』二九八頁)という、「成仏」を明らかにした仏者として讃えるのです。

この箇所は従来、後善導として善導教学を助顕して源信へと橋渡しする祖師たちを挙げた箇所であると言われてきましたが、私はそうは思いません。善導教学の真意である「本願力による成仏」、つまり『大経』の核心を明らかにした仏者であると、親鸞は見たのです。そのことがよくおわかりいただけるように、少し手前から「行巻」の引文を見てみましょう。

『教行信証』「行巻」には、七祖の伝統が出てきます。特に、善導の引文では、六字釈が出てきますが、その六字釈を踏まえて、親鸞が『大経』によって名号解釈をし直すのです。これほど長い御自釈があるのは、七祖の引文の中ではここだけです。つまり親鸞は、善導の『観経』による六字釈を受けて、『大経』による本願の名号解釈へと展開させるのです。それだけにこの名号解釈は、「行巻」前半の山になるのですが、その後に中国十師が長く引文されます。

善導は、『観経』の下々品の称名念仏に立った仏者です。その下々品には、称名念仏による臨終来迎が説かれます。これには重要な意味があって、仏教は私たち人間のほうからは開かれないことを示唆しています。いくら人間の自力で橋をかけようとしても、結局、人間の欲望の延長になります。人間のほうから仏道は絶対に開かれないということが、自力無効に立った浄土教の大きな特質なのです。ですから、阿弥陀如来が来迎するという言い方は、いかにも神話的な雰囲気が漂っていますが、よく考えると、仏のほうからしか仏教は開かれないと教えているのです。そういう視点から見ると、この臨終来迎には実に大切な意味があります。法然は『大経』の本願力回向を言いませんから、他力回向の意味を托して来迎を大事にされるのです。

『観経』では称名念仏は説かれても、本願が説かれないでしょう。その限り称名念仏は、口で称えるという意味しかないわけです。ところがその称名念仏が、『大経』の本願力回向によって、如来のほうから衆生に仏道が開かれるという意味を持つことになります。本願の力によって名号が選ばれ、その名号に帰すれば本願の世界が開かれることは、『大経』によるわけです。ですから『観経』と『大経』が、両方照らし合いながら大事な意味を持ちますが、親鸞は、この『大経』の本願によりながら、称名念仏の意味を明らかにするわけです。これは非常に画期的な了解ですので、まず善導の六字釈から見てみましょう。

また云わく、「南無」と言うは、すなわちこれ帰命なり、またこれ発願回向の義なり。「阿弥陀仏」と言うは、すなわちこれ、その行なり。この義をもってのゆえに、必ず往生を得、と。

（『真宗聖典』一七六頁）

この善導の六字釈は、『摂大乗論』を中心にする学派から、浄土教の念仏行は願いという意味では認めることができるが、仏道の行とは言えない、という批判を受けます。要するに「唯願無行」という批判に応えるために、善導が南無阿弥陀仏の意味を初めて解釈したものですから、発願回向の願と阿弥陀仏の行とが、どちらも具わっているという了解をしています。この願行具足によって、必ず往生を得ると、浄土教の核心を南無阿弥陀仏一つに収めた了解です。その意味で、浄土教史上で金字塔と言ってもいい了解ですが、本願の信心がなければ了解することが極めて難しい解釈です。

『観経』は人間の分別に合わせて説かれていますから、念仏を称える主体と称名念仏とがどうしても分かれます。この六字釈も、称える衆生と称えられる念仏という枠組みの中で、解釈されています。そうなると、どうしても主体の能力や称名念仏の数に目を奪われて、一遍称えた念仏と日課七万遍の念仏とは、どちらが優れているかという議論に転落していきます。それがやがて、一念多念の争いの元になります。また、念仏する主体に帰命とか発願回向が起こるのですが、本願力がわからなければ、なぜそれが起こるのか、その理由がわからなくなります。阿弥陀仏がその行であるということも、なおさら意味がわからないでしょう。

このような疑問を解くために親鸞は、『大経』の本願に立って六字釈を、本願の名号解釈へと転換するのです。まずなぜ衆生に帰命が起こるのでしょうか。親鸞に聞いてみましょう。

しかれば、「南無」の言は帰命なり。「帰」の言は、至なり、また帰説〔よりたのむなり〕なり、説の字、悦の音、また帰説〔よりかかるなり〕なり、説の字は、税の音、悦税二つの音は告ぐるなり、述なり、人の意を宣述るなり。「命」の言は、業なり、招引なり、使なり、教なり、道なり、信なり、計なり、召なり。ここをもって、「帰命」は本願招喚の勅命なり。

（『真宗聖典』一七七頁）

善導が説くように、「南無」には「帰命」という意味があります。ここから始まりますが、親鸞は、「帰命」を「帰」と「命」に分けます。そして「帰」には、「説く」とか「告げる」とか「述べる」とか「宣述」、という意味を託しています。「命」のほうには、「招引」とか「使」とか「召す」、という意味を託しています。

親鸞は、『尊号真像銘文』で、

帰命はすなわち釈迦・弥陀の二尊の勅命にしたがいて、めしにかなうともうすことばなり。

（『真宗聖典』五二一頁）

と言っています。ですから、「帰」は釈尊の発遣という意味ですし、「命」は弥陀の招喚という意味です。要するに衆生に帰命が起こるのは、釈尊の発遣と弥陀の招喚によると説いているのです。さらにそれを極言すれば、「「帰命」は、本願招喚の勅命なり」と、まとめています。善導の二尊教の教えを踏まえて述べるのですが、相対分別の常識なら「衆生が帰命するのは、如来の本願招喚の勅命によるからです」と、衆生と如来とを対照的に考えるのでしょうが、宗教的な事実は、衆生の帰命と如来の本願の勅命とが、一つであると述べられます。

このように、衆生の帰命と如来の本願とが、一如として説かれるところに、一如の真実を説く『大経』の特質があります。自力無効の挙体の懺悔は如来の本願が届いた証拠ですし、それを本願の成就と説かれますから、親鸞の名号解釈は『大経』の本願成就に立った了解です。ここに『観経』の相対分別を破った宗教的な一如の事実が、そのまま説かれることになります。

さて、次の親鸞の名号解釈を尋ねましょう。

「発願回向」と言うは、如来すでに発願して、衆生の行を回施したまうの心なり。「即是其行」と言うは、すなわち選択本願これなり。「必得往生」と言うは、不退の位に至ることを獲ることを彰すなり。『経』（大経）には「即得」と言えり、「釈」（易行品）には「必定」と云えり。「即」の言は、願力を聞くに由って、報土の真因決定する時剋の極促を光闡せるなり。「必」の言は、審（あきらかなり）なり、然なり、分極なり、金剛心成就の貌なり。（『真宗聖典』一七七〜一七八頁）

「発願回向」は、六字釈では、衆生が浄土に生まれたいと発願し回向することですが、親鸞は衆生の発願回向は、そのまま如来の願心であるという了解をします。「信巻」の「三心一心問答」の後で、善導の二河白道の譬喩の「能生清浄願往生心（よく清浄願往生の心を生ぜしむる）」（『真宗聖典』二二〇頁）を、親鸞が「能生清浄願心」（『真宗聖典』二三五頁）と読み替えるのと同じです。その箇所にそれをまとめて、「本願力回向の大信心海なるがゆえに、破壊すべからず。これを「金剛のごとし」と喩うるなり」（同上）と言われるように、衆生の往生心といっても、本願力回向の金剛心による往生であると言っているのです。

そして、衆生の発願回向という願いを完全に果たし遂げる行は、選択本願の行ですから、それは本願力によって貫徹されます。それを「すなわち選択本願これなり」と説いています。さらに六字釈で善導が「必得往生」と言うのは、浄土での正定聚不退転のことですが、『大経』の本願成就文では、それを「即得」と説き、龍樹は「易行品」で「必定」と言うと押さえられます。善導が六字釈で「必得往生」と言うのは、『大経』の「即得」と龍樹の「必定」との一字ずつを取ったものであると確認しています。

さてその次の了解ですが、本願成就文の「即得」の「即」とは、他力の信心に開かれる真実報土の因が決定する時間の究極を言うと説きます。つまり、本願力によって報土の因が決定することです。それに対して龍樹の「必定」の「必」とは、現生不退のことですから、浄土での正定聚不退転の果が、誓願の不思議によって今の信心に実現する、それこそが本願力回向の金剛心が成就した姿であると説いています。この「必」に、「審」・「然」・「分極」という注がついていますが、「審」は明らかにという意味ですし、「然」は願力によってしからしめられること、さらに「分極」とは、因と果との分際は違ってもそれが同時に極まっているという意味です。要するに親鸞は、誓願不思議の因果同時の道理による真実報土の感動を込めて、「分極」と註釈したのです。それこそが他力の金剛心が成就した姿であると説いています。

わかりにくいかと思いますので、これについて少し解説を加えておきます。親鸞は『尊号真像銘文』で、善導の六字釈の「必得往生」を註釈して、以下のように述べています。

必はかならずという。得はえしむという。往生というは浄土にうまるというなり。かならずというは、自然に往生をえしむとなり。自然というは、はじめてはからわざるこころなり。

(『真宗聖典』五二二頁)

親鸞はここで、衆生のはからいを超えた誓願不思議の願力自然によって、必然的に浄土往生が実現して、正定聚不退転が実現されると述べています。しかしこの「必然的に往生を得しむ」という言い方は、語感からやはり未来にという感じを残しています。

それは「得」という、果を表す言葉による解釈だからだと思います。親鸞は、「得」を果の意味に、「獲」を因の意味に当てる字と、規定しています。この『尊号真像銘文』の了解は、「得」という字ですから、未来の果に焦点を当てた了解だから、未来にという印象を残しているのでしょう。

その根拠を示しておきましょう。この名号解釈で親鸞は、「「必得往生」と言うは、不退の位に至ることを獲る」と言って、善導の「得」を「獲」と言い直しています。先にも言ったように、親鸞はこの「獲得」の字に因果の意味を託して使います。「獲の字は、因位のときうるを獲という。得の字は、果位のときにいたりてうることを得というなり」（『真宗聖典』五一〇頁）と述べます。さらにこの文に続けて、「名の字は、因位のときのなを名という。号の字は、果位のときのなを号という」と述べられます。本来、獲得や名号の字には、因果という意味はありません。しかし親鸞は、「獲得名号」によって、凡夫のままで救われるという不思議な事実がなぜ起こるのかという、本願の因果の道理を托して、このような註釈をするのです。

この因果の道理とは曇鸞のところでも述べたと思いますが、『論註』の不虚作住持功徳によく表されています。名号によって必ず仏に成るという本願の因果の道理を、曇鸞は次のように言います。

「不虚作住持功徳成就」は、蓋しこれ阿弥陀如来の本願力なり。(中略)言う所の不虚作住持は、本、法蔵菩薩の四十八願と、今日の阿弥陀如来の自在神力とに依るなり。願以て力を成ず、力以て願に就く。願、徒然ならず、力、虚設ならず、力願相い符うて、畢竟じて差わざるが故に成就と曰う。

(『真宗聖教全書』一・三三一頁)

果の阿弥陀如来の智慧と因の法蔵菩薩の願とが、お互いに成就し合うことを本願の成就と言います。因の信心に果の如来の智慧海が実現し、果の智慧海は因の本願に報われるのです。この本願の道理によって、他力の信心には果の浄土の正定聚不退転が開かれて、必ず仏に成るのです。本願の住持力(因果の道理)によって仏に成ることが虚しくないという意味で、不虚作住持功徳と言うのです。親鸞は、他力の信心が自らの立ち位置ですから、信心の因のほうから註釈していくことになります。

さて、元に戻りましょう。善導の六字釈は「必得」と、果位の時にうる「得」を使いますので、『尊号真像銘文』ではそれを尊重して、「必然として浄土に生まれる」と述べていますが、親鸞の名号解釈のほうは、それを因位の「獲」の字に代えていますので、本願力回向の信心の因に、果の浄土の不退が現生に実現するという意味になることを、承知してください。親鸞はそれを「金剛心成就の貌なり」と、本願の因果の道理こそが他力金剛心が湛えている姿であると念を押しています。

このように『観経』による善導の六字釈を、親鸞は『大経』によって本願の名号解釈へと展開させます。それは「行巻」にとどまらず、「信巻」の善導の『観経疏』の引文も「須らく〜すべし」の「須」の字をすべて「もちいる」と読み替えて、『観経』の「至誠心・深心・回向発願心」を、親鸞は『大経』に立って、「至心・信楽・欲生」の本願の三心として読み替えるのです。それは善導を正すという意味ではなくて、『大経』の本願に立って古今楷定した善導の真意を明確に示して、大心海より応化した善導を讃仰しているのです。

このように『観経』の相対的な立場で了解された善導の六字釈を、『大経』の一如の真実に立って、親鸞は名号解釈をし直します。それは金剛の信心の因に、如来の涅槃の果が実現するという了解ですから、他力の信心には成仏が決定されると言っているのです。

4、『教行信証』における法照の位置

さて、「行巻」の中国十師と言われる引文の総相になっている、法照の最初の引文を見てみましょう。

『浄土五会念仏略法事儀讃』に云わく、それ如来、教を設けたまうに、広・略、根に随う。終に実相に帰せしめんとなり。真の無生を得ん者には、たれかよくこれを与えんや。しかるに念仏三昧は、これ真の無上深妙の門なり。弥陀法王四十八願の名号をもって、ここに仏、願力を事とし

て衆生を度したまう。乃至　如来常に三昧海の中において、網綿の手を挙げて、父の王に謂いて曰わく、「王いま座禅してただ当に念仏すべし」と。あに離念に同じて無念を求めんや。生を離れて無生を求めんや。相好を離れて法身を求めんや。文を離れて解脱を求めんや。乃至　それ大なるかな、至理の真法、一如にして物を化し、人を利す。弘誓各別なるがゆえに、我が釈迦、濁世に応生し、阿弥陀、浄土に出現したまう。方は穢・浄両殊なりといえども、利益斉一なり。もし修し易く証し易きは、まことにただ浄土の教門なり。しかるに、かの西方は殊妙にして、その国土に比びがたし。また厳るに百宝の蓮をもってす。九品に敷いてもって人を収むること、それ仏の名号なり、と。

（『真宗聖典』一七八頁）

少し長いのですが、中国十師をすべて見る紙面がありませんので、せめて法照の最初の文を挙げました。意味は次のようです。「法照は『五会法事讃』で次のように言っています。釈迦如来は百八の法門を説いていますが、その教えは衆生の機根に随って広く説いたのです。すべて実相真如の覚りに帰せしめんがためです。ですから真の覚りを得たものには、説く必要はありません。ところでたくさんの法門の中で、念仏三昧こそ最も優れた比べるもののない真実の法門です。阿弥陀如来は四十八願を建てて、名号一つを選び取り、それによって衆生を教化して、本願力によって救い取るのです。釈迦如来は覚りの海の中から、優しく広い救いの手を差し伸べて、父の浄飯王に、「父よ、身にふさわしくない行などやめて、静かに念仏を称えなさい」と言いました。この念仏の法門は、念を離れて証を開くというような、無念無相を観じるのではありません。また生を離れて、無生無滅を悟ったり、有相を離れて、法身を悟ったり、文字を離れて、解脱を求めたりするのではありません。そのような修行とは違って、道理を尽くし真実を窮めた、弥陀の一如の法はまことに偉大で、一切衆生を教化して涅槃の利益を与えるのです。諸仏の教化に違いがあるのは、因の本願の違いによります。今阿弥陀如来は根源仏として、諸仏の教化をすべて名号一つに収めているのです。釈尊がこの濁世に応化し、弥陀が浄土に出現するというように、穢土と浄土の違いがあっても、衆生を救い取ることにおいては一つです。修し易く証し易い法門は、浄土の一門だけです。衆生が生まれるべき阿弥陀の浄土はまことに優れていて、どのような諸仏の浄土も比べることはできません。そこに荘厳される蓮華は、九品各別を収めて一切衆生の救いが準備されていますが、それはひとえに念仏一つの利益に過ぎないのです」。概略このような意味です。

さまざまな自力の修行と対比して念仏の絶対性が述べられている引文ですが、これを何度も読んでいると、親鸞の比叡山時代の修行が、自然に想われます。比叡山は法照の『五会法事讃』を修行の念仏の基礎に位置付けますが、法照はそんなことを説いていたのではない。この引文で明らかではないか、本願の名号一つで、一切衆生が救われると説いているではないか。そのような親鸞の歎異の思いが、痛いほど伝わってくる引文ではないかと思います。

さらに善導の『観経』による六字釈を、親鸞は『大経』によって名号解釈をします。『観経』は称名念仏による往生浄土を説きますが、それが目的ではなく、仏道は仏に成ることが最終目標です。そこに『大経』の「大涅槃を証することは、願力の回向に籍」るという成仏が、大切なのです。名号解釈でも、最後は浄土の正定聚不退転を内実とする他力の金剛心で押さえて、本願力によって必ず仏に成ることが説かれていました。大心海より応化した善導の真意も、その成仏にあるのです。ですから中国十師の引文も、単純に善導の『観経』の教学を明らかにした祖師として引文しているわけではなく、親鸞は『大経』の成仏に着地している引文を並べているのです。

この後の法照の引文も、『五会法事讃』の中の『称讃浄土経』の讃文を引文して、

如来の尊号は、はなはだ分明なり。十方世界にあまねく流行せしむ。
ただ名を称するのみありて、みな往くことを得。観音勢至自ずから来り迎えたまう。
（『真宗聖典』一七九頁）

と、大切な来迎の文を引文しています。しかしこれだけなら、いかにも『観経』を象徴していると見えますので、親鸞はこれに続けて、法照の『仏本行経』の讃文を挙げて次のように引文します。

何者をか、これを名づけて正法とする。もし道理に箇らば、これ真宗なり。好悪いまの時、須らく決択すべし。一一に子細朦朧することなかれ。正法よく世間を超出す。持戒・座禅を正法と名づく。念仏成仏はこれ真宗なり。仏言を取らざるをば、外道と名づく。（同上）

宗名に関わる大切な文ですから、意味を取っておきましょう。「仏教で正法とは何でしょうか。道理にかなっているものこそ真宗です。今の問いをきっかけにして、正しい仏教かそうでないかを決定し、選択する必要があります。一々に子細に検討して、あいまいさを残してはいけません。正法とは、世間の教えを超出しているものです。まず戒律を持つことと、座禅とを一応正法と名づけることができるでしょう。しかしそれは、真宗とは言えません。真宗とは、念仏して仏に成る他力の教えがそれです」。このような意味になるでしょう。

法照の引文が、「来迎」という『観経』の大切な意味を表す文から始まりますが、『大経』の「念仏成仏はこれ真宗」という成仏で押さえられています。この文は浄土真宗の宗名にもなる、大切な文章です。

ちなみに親鸞は、法照の来迎の文も『唯信鈔文意』で、次のように註釈しています。長いので大切なところだけを見てみましょう。

「如来尊号甚分明」、このこころは、「如来」ともうすは、無碍光如来なり。「尊号」ともうすは、南無阿弥陀仏なり。「尊」は、とうとくすぐれたりとなり。「号」は、仏になりたもうてのちの御なをもうす。「名」は、いまだ仏になりたまわぬときの御なをもうすなり。この如来の尊号は、不可称・不可説・不可思議にましまして、一切衆生をして無上大槃涅槃にいたらしめたまう、大慈大悲のちかいの御ななり。（中略）「来」は、浄土へきたらしむという。これすなわち若不生者のちかいをあらわす御のりなり。穢土をすてて、真実報土にきたらしむとなり。（中略）「迎」というは、むかえたまうという、まつというこころなり。（中略）この信楽をうるとき、かならず摂取してすてたまわざれば、すなわち正定聚のくらいにさだまるなり。このゆえに信心やぶれず、かたぶかず、みだれぬこと、金剛のごとくなるがゆえに、金剛の信心とはもうすなり。これを「迎」というなり。『大経』には、「願生彼国　即得往生　住不退転」とのたまえり。

（『真宗聖典』五四七～五四九頁、中略筆者）

このように来迎といっても、親鸞は、如来の尊号に湛えられた本願の因果の道理によって、一切衆生が無上大涅槃に至って仏に成ることとして確認しています。つまり、『観経』の「来迎」を換骨奪胎して、『大経』の本願成就に立った信心の利益として捉え直しているのです。ここに『大経』に立った親鸞の、面目躍如たるものを感じます。

しばらく中国十師の引文の総相になっている、法照について尋ねてきました。ここは従来、善導の教学を継いだ祖師たちの引文で片付けられてきましたが、親鸞には引文する意図があります。善導の六字釈を『大経』による名号解釈に代えて、善導の真意は成仏にあると明確にしたわけですから、その後の引文もそれに適った祖師たちの引文で埋められています。法照の言葉でそれを象徴的に言えば「念仏成仏はこれ真宗なり」、ここに収められる祖師たちを、十師挙げるのだと思われます。

ここまで言えばおわかりいただけたと思いますが、善導を讃えるこの二種の総相になる和讃は、本願海より応化して、『観経』の了解を末代濁世の衆生のために古今楷定し、諸仏から証明されたのです。中国では法照や少康をはじめとし、日本では源信、法然、そして親鸞まで生んだのです。それらの祖師たちはみな、善導が立脚地にしている本願海に帰っていったのです。そこに善導が、大心海より応化したという、証拠があるのです。

三、『観経』による和讃

1、釈迦如来の大悲

さて三首目の和讃は、次のように詠われます。

三　弥陀の名願によらざれば
百千万劫すぐれども
いつつのさわりはなれねば
女身をいかでか転ずべき

（『真宗聖典』四九五頁）

第三首目では、「百千万劫の長い時間が経っても五障を離れることはできませんが、本願の名号によってのみ女身は転じられ、必ず仏に成るのです」と詠われます。このようにこの和讃では、弥陀の名号と本願によらなければ、百千万劫の時が経ったとしても、五障は救われないと詠われます。五障とは、梵天・帝釈天・大黒天の魔王・転輪聖王・仏の五つになれない障りのことですが、インドでは女性は、この五つになれないと言われて貶められていたのです。現代ではあってはならないことですが、インドではいまだに男尊女卑の傾向が残っているようです。

しかし、仏に成れないと言われる者は、女人だけではありません。『大経』に「唯除五逆誹謗正法」（『真宗聖典』一八頁）と説かれるように、五逆と正法を誹謗する者が、仏に成ることから除かれます。さらに、『涅槃経』の闡提が、同じように仏に成ることから除かれます。このような仏教に除かれるものが救われなければ、大乗仏教ではありません。この世でさまざまな条件によって苦しむ者にこそ、弥陀の大悲は大いに注がれる、それを証明して大乗仏教の真理性を明らかにするのです。

ですから『大経』の第三十五願には、

たとい我、仏を得んに、十方無量不可思議の諸仏世界に、それ女人あって、我が名字を聞きて、歓喜信楽し、菩提心を発して、女身を厭悪せん。寿終わりての後、また女像とならば、正覚を取らじ。

（『真宗聖典』二一～二二頁）

と説かれています。善導は『観念法門』の五縁功徳分で、摂生増上縁を述べる中に、『大経』の第三十五願を挙げて、次のように言います。

一切の女人もし弥陀の名願力に因らざれば、千劫・万劫・恒河沙等の劫にも、終に女身を転ずることを得べからず。まさに知るべし。今あるいは道俗ありて、女人は浄土に生ずることを得ずと云わば、これはこれ妄説なり、信ずべからざるなり。またこの経を以て証す。またこれ摂生増上縁なり。

（『真宗聖教全書』一・六三七頁）

このように善導は、女人が救われないというのは妄説であって、弥陀の名願によって必ず救われると言います。それは弥陀の本願力を増上縁として、女人のままに摂取不捨の利益を受けることです。

それを女身を転じると説いているのです。この文が和讃の基になって、親鸞は先のように詠うのです。善導は大変な苦労人ですから、弥陀の本願に救われた時、女人・五逆・謗法・闡提という仏に成れないものが、決して他人事ではなくて、わが身の事実として頷けたのだと思います。その身にこそ弥陀の大悲の発動があると、感動したのです。だからこそ、ここに第三十五願を挙げて女人往生を説くのでしょう。この女人往生を説くのは、七祖の中では善導が初めてですが、浄土教の系譜では、善導↓法然↓蓮如と、受け継がれていくことになります。

しかし親鸞は、この第三十五願だけを特別に取り挙げることはしません。第三十五願は、第十八願の中に組み込んで、第十八願の内容として了解します。

それがわかるように『浄土和讃』を見てみましょう。『浄土和讃』は、「大経意」から和讃が始まりますが、その八首目から第十八願の願意が詠われます。

八　至心信楽欲生と

　　十方諸有をすすめてぞ

　　不思議の誓願あらわして

　　真実報土の因となる

九　真実信心うるひとは
　　すなわち定聚のかずにいる
　　不退のくらいにいりぬれば
　　かならず滅度にいたらしむ
（『真宗聖典』四八四頁）

この二つの和讃は、八首目が第十八願の因願の和讃ですし、九首目がその成就文の和讃になっています。そしてそのあとに、

十　弥陀の大悲深ければ、
　　仏智の不思議をあらわして
　　変成男子の願をたて
　　女人成仏ちかいたり
（同上）

と、第三十五の女人成仏の願が詠われます。ところがその次には、第十九願が次のように詠われます。

十一　至心発願欲生と

十方衆生を方便し
衆善の仮門ひらきてぞ
現其人前と願じける

（同上）

と、ここからは第十九願の意が三首続けて詠われますが、それに続けて第二十願の意が三首詠われるのです。つまり、『浄土和讃』のこの箇所は『大経』に説かれる機の三願、つまり第十八願・第十九願・第二十願について讃詠しているところです。ですから、第三十五願を女人成仏の願として特別に見るのではなくて、第十八願の内容として詠っていることになります。つまり親鸞は、第十八願の「十方衆生」の中に包んで、了解しているのです。それをよく知っておいていただきたいと思います。

ですからこの善導和讃でも、親鸞は三首目の和讃を女人成仏として詠っているというよりも、弥陀の名号と本願によって、無生法忍を得た韋提希に焦点を当てた和讃であると思います。なぜなら、第三首目のこの和讃をはじめとして、四首目からは『観経』の釈尊の教えによる和讃が始まるからです。

それでは第四首目の和讃を拝読しましょう。

四　釈迦は要門ひらきつつ
　　定散諸機をこしらえて

正雑二行方便し
ひとえに専修をすすめしむ
（『真宗聖典』四九五頁）

この和讃は、「釈尊は『観経』に定善・散善の要門を説き、自力の凡夫を誘引するために正行と雑行の自力の行を方便とし、それを棄てさせてひとえに専修念仏を勧めてくださった」と詠います。釈尊は『観経』で要門を開きますが、善導はそれによって正行と雑行の区別をします。『観経疏』「散善義」に、それを次のように述べています。

行に就いて信を立てば、しかるに行に二種あり。一には正行、二には雑行なり。正行と言うは、専ら往生経の行に依って行ずるは、これを正行と名づく。（『真宗聖教全書』一・五三七頁）

と述べて、その正行を五つに開きます。法然は『選択集』二行章で、「一には読誦正行、二には観察正行、三には礼拝正行、四には称名正行、五には讃歎供養正行なり」（『真宗聖教全書』一・九三五頁）と、それを五正行として受け取りますが、この「五種の正行」・「五種の雑行」（『真宗聖教全書』一・九三六頁）という名は、法然に始まるのです。『観経』に説かれる五正行は、釈尊が流通分で「汝好くこの語を持て。この語を持てというは、すなわちこれ無量寿仏の名を持てとなり」（『真宗聖典』一二二頁）と説きますから、最終的には南無阿弥陀仏一つに帰せられることになります。この『観経』の教えの全体を短い言葉にまとめて詠った和讃が、第四首目の和讃です。

さて、善導の最も大きなお仕事が、これまで述べたように、『観経』によって往生浄土の行が称名念仏一つと決定したことにあります。この専修念仏を核として『観経』の教学を完成させて、聖道門の観仏三昧の行との差異を明確にしたところに、善導の古今楷定のお仕事があるのです。

『観経』の解説書は、現在残っているものが四本あります。浄影寺慧遠の『観無量寿経義疏』、天台智顗の『観無量寿仏経疏』、嘉祥寺吉蔵の『観無量寿経義疏』、善導の『観経四帖疏』です。この四人の祖師の著作が残っていますが、善導以外の祖師たちは、観仏三昧の行を立てるのに対して、善導一人が『大経』を背景として、称名念仏一つと決定したのです。ここに善導の古今楷定のお仕事がありますので、この四首目の和讃は、それを讃詠した和讃です。その意味で、善導の『観経』のお仕事の総相と言ってもいい和讃だと思います。

それでは次の和讃を見てみましょう。五、六、七首目の和讃までは、正行に対して雑行雑修の心が詠われていますので、まとめて見ましょう。

五　助正ならべて修するをば
すなわち雑修となづけたり

一心をえざるひとなれば
仏恩報ずるこころなし

六　仏号むねと修すれども
現世をいのる行者をば
これも雑修となづけてぞ
千中無一ときらわるる

七　こころはひとつにあらねども
雑行雑修これにたり
浄土の行にあらぬをば
ひとえに雑行となづけたり

（『真宗聖典』四九五頁）

第五首目の和讃は、「たとえ正行を修めても、助業と正定業とを並べて修めるのを雑修と名づけます。それは他力の一心を得ていない人なので、仏恩を報ずる心がないのです」という意味です。第六首目は、「弥陀の名号を本として専ら称名念仏を修めても、現世の幸福を求める行者を、これも雑修と名づけて、千人いても一人も往生がかなわないと嫌われます」。第七首目は、「雑行と雑修とは似ていますが、同じではありません。しかし、自力の不純さにおいては浄土往生の行ではないので、雑行と名づけるのです」という意味です。

この三首の和讃には、正定の業に対して助業、あるいは雑行・雑修という言葉が出てきますので、先の五正行に続く、『観経疏』の文章を見てみましょう。

この正の中に就いて、また二種あり。一には一心に弥陀の名号を専念して、行住坐臥、時節の久近を問わず、念念に捨てざるは、これを正定の業と名づく。彼の仏願に順ずるが故に。もし礼誦等に依らば、即ち名づけて助業と為す。この正助二行を除きて、已外の自余の諸善は、悉く雑行と名づく。もし前の正助二行を修するは、心常に親近し、憶念断えず、名づけて無間と為すなり。もし後の雑行を行ずるは、即ち心常に間断す。回向して生を得べしといえども、すべて疎雑の行と名づくるなり。

（『真宗聖教全書』一・五三七～五三八頁）

善導は「一心専念弥陀名号」、これを「正定業」と言い、経典の読誦・礼拝等は「助業」と名づけています。それ以外のもろもろの善行を「雑行」と言います。もし正助の二行によれば、阿弥陀如来に親近し憶念することができますが、雑行を修めても往生がかなわないと、言うのです。

ところが五首目の和讃で親鸞は、善導よりもさらに厳格に、正助並べて修するのは、自力の混ざった雑修であると、それを誡めています。善導が雑行というのは、元々は聖道門の自力の修行を言うのでしょう。しかし、その自力のこころが浄土門の中に持ち込まれて、正助二行を修めても、衆生の心が他力の一心ではないのだから雑修であると、それを拒否するのです。この辺に『大経』による本願力回向の信心を標榜する、親鸞の面目躍如たるものを感じます。

『高僧和讃講義』第二巻（曇鸞和讃第五講「大経の仏者親鸞」参照）でも述べましたが、法然の『選択集』を師資相承するときに、一番の問題になったのは、法然の称名念仏一つに対して、親鸞は他力の信心を主張したことです。それは卑近な言い方をすれば、念仏しているだけでは本物の仏者かどうか区別がつきません。それは、念仏する心が自力なのか、他力の信心なのかに懸かっているからです。ですから親鸞は、念仏する衆生の心根にまで立ち入って、それを確かめようとするのです。なぜなら往生・成仏を決定づけるのは、『大経』の本願力回向の一心しかないからです。

ここの三首はすべて、この親鸞の厳格な態度で一貫されています。六首目は、たとえ念仏一つを称えても、その心が現世の幸福を願うような罪福信であるなら、それも雑修だから千人に一人も往生がかなう者はいないと詠います。

七首目は、聖道門の雑行と浄土門の雑修とが、同じものであると言うわけにはいかないけれども、その心根はどちらも自力なのだから、浄土往生の行と言うことはできません。その意味で雑行と言うのです。

さて、ここまでは釈尊の教説である『観経』を中心に、専修念仏の行を中心に説かれてきたと言ってもいいでしょう。それに対して次の和讃からは、弥陀の弘願による信心の姿が詠われていきます。それが八首目から十二首目まで詠われて、第十三首目の和讃で、釈迦弥陀二尊の恩徳に極まっていくのです。それではそこを見てみましょう。

八　善導大師証をこい
　　定散二心をひるがえし
　　貪瞋二河の譬喩をとき
　　弘願の信心守護せしむ

九　経道滅尽ときいたり
　　如来出世の本意なる
　　弘願真宗にあいぬれば
　　凡夫念じてさとるなり

十　仏法力の不思議には
　諸邪業繫さわらねば
　弥陀の本弘誓願を
　増上縁となづけたり

十一　願力成就の報土には
　自力の心行いたらねば
　大小聖人みなながら
　如来の弘誓に乗ずなり

十二　煩悩具足と信知して
　本願力に乗ずれば
　すなわち穢身すてはてて
　法性常楽証せしむ

（『真宗聖典』四九五～四九六頁）

第八首目の和讃は、「善導は諸仏の証明を請うために『観経疏』を著し、定散二心の自力を翻し他力に目覚めるよう二河譬を説いて、他力の信心を守護したのです」と詠われます。第九首目は、「仏法が滅尽する末法の世になっても、諸仏出生の本意である『大経』の本願の真実教に遇えば、凡夫であっても、名号を信じる信心によって覚りを得るのです」。第十首目は、「弥陀の誓願不思議のはたらきには、凡夫のもろもろの悪業は消されて障りにならないから、弥陀の本願を増上縁と名づけるのです」。第十一首目の和讃は、「本願力が成就した真実報土には、自力の修行や心さえ届かないので、一切衆生が、みな如来の本願に乗托して往生するのです」。第十二首目は、「自身は現に罪悪生死の凡夫と信じて、本願力に乗托すれば、不浄な身も障りにならずに、法性常楽の涅槃の覚りを得るのです」と詠われます。

さて、最初の八首目では、定善と散善の自力の心を翻して、第十八願の信心に帰せしめたい、二河の譬喩を説いてその信心を守護したいと詠われます。『観経疏』の三心釈で、回向発願心までの註釈が終わると善導は、次のように言って二河白道の譬喩を説きます。

また一切往生人等に白さく、今さらに行者のために、一つの譬喩を説きて信心を守護して、以て外邪異見の難を防がん。

(『真宗聖教全書』一・五三九頁)

八首目の和讃は、この言葉によって和讃したものです。

ここからは本願の信心が説かれるところですが、いかにも『観経』による表現で本願の信心が表されています。同じ信心であっても、『観経』による表現と『大経』による表現の違いがあります。ここからはその違いについて、少し考えてみましょう。

2、信心の系譜

七祖の中で、南無阿弥陀仏を称えて機の自覚を表現したのは、『論註』讃嘆門釈の「不淳・不一・不相続」という曇鸞の「三不信」が初めてです。親鸞はここに立って、「鸞」の一字を頂いたのです。この曇鸞の三不信は、道綽の「三不三信」に継承されていきます。『安楽集』の「三不三信」は、曇鸞の三不信の文に、次の言葉が追加されているだけです。

もし能く相続すれば、則ちこれ一心なり。ただ能く一心なれば、即ちこれ淳心なり。この三心を具して、もし生まれずといわば、この処あることなけん。

（『真宗聖教全書』一・四〇五頁）

三不信に「淳心・一心・相続心」の三心が追加されていますので、道綽のそれを「三不三信」と言います。この「三不三信の誨」についてはこの講義の最初に述べていますので、ここでは省略します。

この道綽の「三不三信の誨」を継承しながら、善導は『観経疏』の「散善義」で「至誠心・深心・

回向発願心」の三心の註釈をしていくのです。善導は『観経』が説くように、第一番目の至誠心から誠実に実行し、真実心など衆生にはないことを教えられ、第二の深心釈で、自力から如来の本願力へ翻されるのです。その本願力によって衆生が、回向発願していく相が説かれます。つまり二種深信を中心に据えて、「至誠心・深心・回向発願心」の『観経』の三心全体で、他力の信心を表しているこ とになります。ですから善導は、回向発願心の註釈が終わると、「信心を守護」すると言って、二河白道の譬喩が説かれることになるのです。

その信心の中心は、よく知られているように、二種深信として説かれます。

「深心」と言うは、即ちこれ深信の心なり。また二種あり。一には決定して深く、自身は現にこれ罪悪生死の凡夫、曠劫より已来、常に没し常に流転して、出離の縁あることなしと信ず。二には決定して深く、彼の阿弥陀仏の四十八願は衆生を摂受して、疑いなく慮りなく、彼の願力に乗じて、定んで往生を得と信ず。

（『真宗聖教全書』一・五三四頁）

ここに道綽の三不信が機の深信として説かれ、三信が法の深信として継承されています。『観経』に「至誠心・深心・回向発願心」という三心が説かれるのは、衆生のほうから絶対に、浄土へは橋が架からないことを教えるためです。本願の三心に目覚めるためには、どうしてもそれが必要であると、自力無効を明確に教えるのです。その要門をくぐって、初めて『大経』の本願の三心を生きる者に翻るのです。

ですから法然は、『観無量寿経釈』の中で、善導の三心釈を次のように言います。

今この経（『観経』）の三心は、即ち本願の三心を開く。しかる故は、至心とは至誠心なり、信楽とは深心なり、欲生我国とは回向発願心なり。（『昭和新修法然上人全集』一二六頁、括弧内筆者）

このように法然は、『観経』の三心は衆生の自力によって揃うのではなくて、自力無効をくぐった本願の三心によって、衆生の課題が全うされることを述べています。

親鸞はこの法然の教えを受けて、『教行信証』「信巻」の善導の三心釈の文を、『大経』の三心に立って読み替えます。たとえば至誠心釈では、「一切衆生の身口意業に修するところの解行、必ず須らく真実心の中に作すべきことを明かさんと欲す。外に賢善精進の相を現じ、内に虚仮を懐くことを得ざれ」（『浄土宗全書』二・五五頁）と読むべきところを、

一切衆生の身・口・意業の所修の解行、必ず真実心の中に作したまえるを須いることを明かさんと欲う。外に賢善精進の相を現ずることを得ざれ、内に虚仮を懐いて、貪瞋邪偽、奸詐百端にし

て、悪性侵め難し、事、蛇蝎に同じ。

（『真宗聖典』二一五頁）

と読み替えます。この三心釈では、「須らく～すべし」と読むべき「須」の字を、すべて「もちいる」と読み替えて、衆生の自力の修行ではなくて「法蔵菩薩の真実心をもちいる」と、読むのです。親鸞は『大経』の本願力に立って、その眼で善導の三心釈を読み替えます。

そこには、いろいろの契機が思われます。基本的には『観経』による『選択集』の真意を、親鸞は『大経』に立って明らかにするのですから、その読み替えは当然だと思われます。

その他に思われることは、「信巻」は明恵の『摧邪輪』を視野に置いて書かれています。明恵は、『摧邪輪』で善導の三心釈には触れません。自力無効がわからないから、飛ばしたのでしょう。だからこそ親鸞は、三心釈を丁寧に引文するのですが、その際、人間の向上的な理想主義を破るために、『大経』から読み替えたのだと思います。

『観経』は人間の発想に合わせて説かれていますから、自力の三心を尽くして、やがて本願の三心に目覚めると、どうしても理想主義的になります。もちろんそれは『観経』の説相ですから、本願力に立った釈尊が、凡夫を誘引するための方便として説いたのです。それは衆生の理想主義によく合った説き方ですから、実践の方法として実にわかりやすいのです。しかし、信心の事実は人間の理想主義を破って、本願の三心に目覚めて初めてこれまでの自力の三心が廃捨される、というように逆なのです。

『大経』下巻の本願成就文でも、第十八・至心信楽の願成就文の後に、三輩章の第十九・修諸功徳の願成就文が説かれているでしょう（『真宗聖典』四四〜四六頁）。善知識の教えと宿縁の催しによって、はからずも如来の本願に目覚めた、そこから初めて自力の愚かさが照らされるのです。観念的な人間の理解と信心の事実とでは、発想が全く逆です。親鸞はその信心の事実に立って、『観経』の三心を読み替えるのです。そうしないと、理想主義的な発想でしか考えられない聖道門に誤解を与えるからです。いずれにしてもその読み替えは、法然の教えが基になっていることがわかります。

さて、善導の信心の了解に戻りましょう。善導は、この三心釈で二種深信を中心として、「至誠心・深心・回向発願心」のそれぞれの註釈が終わると、次のように述べます。

三心既に具すれば、行として成ぜざるなし。願行既に成じて、もし生まれずば、この処あることなしと。

（『真宗聖教全書』一・五四一頁）

善導は「行として成ぜざるなし。願行既に成じて」という言葉を足して、「至誠心・深心・回向発願心」の三心が揃えば、「南無阿弥陀仏」と称名念仏する者になると言います。その理由を、願行具足して「もし生まれずば、この処あることとなし」と言います。この言葉と、その前にある「三心既に具すれば」とは、道綽の「三不三信」で使われた大切な言葉と同じでしょう。これは元々道綽の「三不三信」にある言葉を、善導が三心釈で転用したのです。ですから、道綽の「三不三信」の他力の信心を、善導は二種深信を中心とする三心釈として継承したことを示しています。

老婆心ながら述べておきますが、道綽と善導との師資相承は、源信が見抜いていたように、「三不三信」を専修念仏として継承しました。それは行の面の継承を表すのです。それを信心の面から言えば、二種深信として継承したのです。ですからここに、道綽の「この三心を具して、もし生まれずといわば」という言葉を置くのです。

今、信心の系譜を尋ねているのですが、折角ですからその後の法然についても、見てみましょう。善導の他力の信心を表すところは、何といっても二種深信です。ところが『選択集』で法然は、それをそのまま継承せずに、次のように言い替えます。

> 次に深心とは、謂わく深信の心なり。当に知るべし、生死の家には疑を以て所止と為し、涅槃の城には信を以て能入と為す。故に今二種の信心を建立して、九品の往生を決定するものなり。
>
> （『真宗聖教全書』一・九六七頁）

ここは『選択集』の「三心章」で法然が、善導の三心釈を註釈し、その中でも特に二種深信の註釈です。先に引文した善導の二種深信の文と、見比べていただきたいのですが、最初の「深心とは、謂わく深信の心なり」までは、そのまま善導の言葉です。ですから次に、機の深信と法の深信の文が続けられれば順当なのです。ところが法然は、そこから先を「生死の家には疑を以て所止と為し」を機の深信に当て、「涅槃の城には信を以て能入と為す」を法の深信に当てて、自分の言葉で言い替えるのです。

つまり、善導が『観経』によって二種深信を「定んで往生を得」と、往生浄土の信心として表明します。しかし、大乗仏教は成仏が目標ですし、善導の真意もそこにあります。ですから法然は、二種深信がそのまま『大経』の「大涅槃を証することは、願力の回向に藉」る信心なのだと、『大経』の信心に言い替えているのです。それを親鸞は「正信偈」に引文して、法然が明らかにした称名念仏による往生浄土を、『教行信証』では大般涅槃道として意味付けていくことになります。

このように七祖を貫く信心とは、曇鸞の「三不信」→道綽の「三不三信」→善導の「二種深信」として継承されていきます。その二種深信を法然は、「生死の家には疑を以て所止と為し、涅槃の城には信を以て能入と為す」という『大経』の信心に置き換えたのです。それを親鸞は、他力の信心に大涅槃が実現することを「三心一心問答」で証明し、その信心を三願転入で明らかにしていくことになります。ですから七祖の他力の信心は、一心→二種深信→三願転入という系譜があることをよく知っておいてください。

法然は「偏依善導一師」（『真宗聖教全書』一・九九〇頁）と言うにもかかわらず、その核心ともいえる信心を読み替えます。それはおそらく、『大経』と『観経』の他力の信心の説き方の違いによるからではないでしょうか。後の和讃とも関係しますので、ここでそれについて簡単に述べておきましょう。

『論註』巻末の覈求其本釈は、次のように始まります。

しかるに、覈に其の本を求むるに、阿弥陀如来を増上縁と為す。（『真宗聖教全書』一・三四七頁）

ここに阿弥陀如来の本願力を、「増上縁」という言葉で表されます。この後「他利利他の深義」・「三願的証」と続きますが、この「三願的証」の最後にも、「これを以て他力を推するに増上縁と為す」（『真宗聖教全書』一・三四七～三四八頁）と、「増上縁」が使われます。

道綽以下の『観経』の祖師たちは、阿弥陀如来のはたらきを、この増上縁という言葉で表すことになっていきます。『観経』の説相とも関係して、阿弥陀如来と衆生とが対照的に捉えられて、衆生の外から阿弥陀如来に救われる、という了解になります。要するに増上縁は、衆生を外側から救う、外縁を表す言葉なのです。

『観経』は衆生の分別に合わせて、如来と衆生、浄土と娑婆、機と法と対照的に説くので、その枠組みの中で、本願力を増上縁として表すのだと思われます。善導の二種深信も「乗彼願力」と、外縁として表されていますから、理解するにはよくわかります。しかし理解したからといって、人は救われないのです。ですから善導も二種深信で「彼の阿弥陀仏の四十八願は衆生を摂受して」と、『大経』の本願力を指示しています。『観経疏』では、本願を表すときにはいつも、『大経』を指し示しています。善導は、『大経』の本願力に立って二種深信を表明するけれども、本当の救いは『大経』の一如の救いにあると言っているのです。

そこに、『大経』の本願力回向の信心の特質があります。『大経』は相対性を超えた一如の真実を説きます。ですから、南無阿弥陀仏の信心も、いのちの深奥から呼び続けている本願の声を聞き取るのです。衆生の堅い自我を破って、いのちの深奥から南無阿弥陀仏が名告り出るのですから、『観経』のように外縁ではなく、内因としてはたらき出ます。しかも衆生の信心が、そのまま如来と一如ですから、他力の信心によって一切衆生の救いが実現するのです。

清沢満之先生が『我が信念』の中で、次のように表明します。

> 私の信念とは、申す迄もなく、私が如来を信ずる心の有様を申すのであるが、其れに就いて、信ずると云うことと、如来と云うことと、二つの事柄があります、此の二つの事柄は丸で別々のことの様にもありますが、私にありては、ソーではなくして、二つの事柄が全く一つのことであります、
>
> （岩波『清沢満之全集』六・三三〇頁）

このように、信心そのものが如来であるところに、一切衆生の救いがあります。衆生の信心の因のままで、今日の果の尽十方無碍光如来の智慧海の中に在るのです。その誓願不思議の因果の道理を、『大経』では、本願力回向として表します。そこに増上縁を外縁として説く『観経』との違いがあるのです。

『大無量寿経』は、救いを本願の成就として説きます。これは何に命を懸けたらいいのか、人生がどちらに向かえばいいのか、何にも本気で取り組めないニヒリズムに沈む人間に、本当にしなければならない清浄意欲を実現して、菩薩のような者に転じるのです。空しく過ぎていくことの苦しさから解放して、衆生の清浄意欲を実現せしめる、それが本願の成就です。ここに一切衆生の救いがあります。

それに対して『観経』は救いを摂取不捨と説きますし、『阿弥陀経』はそれを諸仏護念と説きます。そう教えられていますから、それぞれの経典に別の救いがあると勘違いしますが、救いはあくまでも『大経』の本願の救いしかありません。『観経』は、家族であっても最後には殺し合いにまでなって、孤独に沈んでいきます。その韋提希が、一人ではなくもともと如来と二人ずれで、如来の大悲の中に在ったと救われていくのです。それを摂取不捨と言いますし、そこに人間の孤独を破って、独立者になることが託されているのです。つまり人間の個人性や孤独をどう超えるかという『観経』の課題に則して、本願の救いを摂取不捨と表現するのです。それと同じように『阿弥陀経』は、利害や好き嫌いを超えて、どうして人間関係を回復することができるかという人間の課題に則して、諸仏護念と説かれるのです。

くどいようですが、救いは『大経』の本願の救いしかありません。そこに親鸞が「それ、真実の教を顕さば、すなわち『大無量寿経』これなり」（『真宗聖典』一五二頁）という意味があります。『観経』の祖師たちも『大経』の本願の救いを指示していることを、見落とさないようにしてください。

3、外縁としての増上縁

さて、信心と救いについてお話ししてきましたが、それを踏まえて次の和讃を拝読しましょう。九首目から十二首目の和讃を見てみましょう。

九　経道滅尽ときいたり
　　如来出世の本意なる
　　弘願真宗にあいぬれば
　　凡夫念じてさとるなり

十　仏法力の不思議には

諸邪業繋さわらねば
弥陀の本弘誓願を
増上縁となづけたり

十一　願力成就の報土には
自力の心行いたらねば
大小聖人みなながら
如来の弘誓に乗ずなり

十二　煩悩具足と信知して
本願力に乗ずれば
すなわち穢身すてはてて
法性常楽証せしむ

（『真宗聖典』四九五〜四九六頁）

第九首目の和讃の意味は、それほど難しくはありません。「仏滅後の末法の時にこそ、諸仏出世の本意である弘願を説く真宗に遇えば、一切衆生は念仏の信心によって、浄土の覚りを得るのです」という意味です。第十首目は、「弥陀の誓願の不思議には、衆生のもろもろの悪業も障りにならないので、増上縁と名づけるのです」。第十一首目は、「本願力に酬報された真実報土には、自力の菩提心や修行では往生がかなわないから、一切衆生はみな、如来の本願に乗托して往生を得るのです」。第十二首目は、「自身は現に罪悪生死の凡夫と信じて、本願力に乗托すれば、穢れの身を転じて法性常楽の涅槃の覚りを得るのです」と詠われます。

最初の第九首目の和讃に「経道滅尽」と出てきますが、この言葉は『大経』の「流通分」で、釈尊が次のように説きます。

当来の世に経道滅尽せんに、我慈悲哀愍をもって特にこの経を留めて止住すること百歳せん。それ衆生ありてこの経に値う者は、意の所願に随いてみな得度すべし。（『真宗聖典』八七頁）

すべての経典が滅し尽くしても、本願を説く『大経』だけは、百年留めたいと釈尊が説かれます。百歳とは満数の意味ですから、単に百年というよりも永遠にという意味でしょう。なぜ法滅になっても『大経』だけは残ると説くのでしょうか。

これは仏説ですので、深い意味があると思います。私的な感想めいたことを述べるべきではないかもしれませんが、この「流通分」の釈尊の説法に、なるほどと感じたことがありますので、簡単に述べてみます。

先年、岩手県の盛岡に行って、宮沢賢治の記念館を訪れました。賢治は浄土真宗の門徒総代の家に生まれて、暁烏敏先生の夏期講習が行われるような家でしたから、子どもの頃に親鸞の教えにも触れていたわけです。ところが真宗の自力無効という教えになじめなかったようで、残念ながら『法華経』に転向します。

記念館をゆっくり回っていて、貧しい農民と一緒に生きた立派な方だという想いが、ふつふつと湧いてきました。私は若い頃に、賢治の全集を買って読んでいましたから、それを思い出し、何か人間を超えた大きな世界観を感じながら回りました。事実、展示されていた彼の原稿の中にも「宇宙の真理」という言葉が何度も出てきますので、なるほどそんな大きな仏の世界を文学にまでしていたのだと、改めて感心しながらゆっくりと見て回っていました。

ところが、長年親鸞の教えを聞いている自分のほうにふっと眼が向いて、真宗では浄土とは言っても宇宙の真理とは言いません。宮沢賢治は、能力もあり宗教的な感覚にも優れていて、我々凡夫とは違うなという、尊敬の念と同時に、自分が凡夫だからか少し違和感を覚えました。

それがどこからくるのか、いろいろ想いを巡らせているうちに、『大経』の釈尊の説き方に、無類の感動を覚えました。というのも、『大経』は一切衆生のいのちの根源から促し続ける法のはたらきを、如来の本願として説いてくださっています。それは優れた者にも、また阿闍世や提婆達多や韋提希のような、悲劇の中に巻き込まれて苦悩する人にもはたらいているのです。本願がわからなければ欲に振り回される凡夫ですし、それが自覚的になれば必ず仏に成ります。如来の本願を、信じるか信じないかだけです。その如来の本願も人間の外からではなく、一切衆生の内奥より促し続ける声に、目覚めるか目覚めないかだけなのです。

このように『大経』では、いのちの根源からの促しを説くだけで、「宇宙の真理に目覚めよ」とは、説いていないのです。「凡夫として正直に生きて、その苦しみの中に、本願の促しを聞き取りなさい。そこには、学問や能力や優れた感覚などは、何もいりません。ただ有限の宿業の身に帰って、その深奥から無限を求めてやまない本願に目覚めなさい」と説いているのです。人間が一人生きていれば、その一人の中に、本願も浄土も覚りも仏道のすべてが説き尽くされているのです。宇宙の真理などと難しいことを言わなくても、本願にさえ眼を開けば、いのちの世界として、内から浄土が開かれてくるのです。

そう憶うと『大経』は、凡夫でもわかるように説いてくださった釈尊の恩徳がいかに大きいか、その謝念で胸が一杯になりました。さらに親鸞が、「浄土真宗は、在世・正法・像末・法滅、濁悪の群萌、斉しく悲引したまうをや」（『真宗聖典』三五七頁）と言うように、法滅の時代になっても、人が一人生きてさえいれば、その中に仏法のすべてが説かれているのです。ですから、釈尊は『大経』の「流通分」に、『大経』だけは法滅になっても留めると、説いたのではないでしょうか。その感動を親鸞は、第九首目の和讃に詠っているのです。

四首目から七首目までの和讃は、『観経』の要門の意義を詠っていますが、この八首目、九首目を境にして、弘願の信心について詠われます。しかし、この十首目から十二首目までは、『観経』を説いた釈尊に対する恩徳が中心になりますから、信心といっても「増上縁」とか「本願力に乗ずる」というように、外縁として詠われているのです。

十首目の和讃は、『観経疏』「定善義」の、次の文に依っていると思われます。

衆生称念すれば、即ち多劫の罪を除く。命終わらんとする時、仏聖衆と自ら来りて迎接したまう。諸邪業繋も、能く碍るものなし。

（『真宗聖教全書』一・五二一頁）

ここは善導が、親縁・近縁・増上縁の三縁を明らかにする箇所で、これは増上縁を明確に示す文です。この文によって親鸞は、

十　仏法力の不思議には
　　諸邪業繋さわらねば
　　弥陀の本弘誓願を

増上縁となづけたり

（『真宗聖典』四九五頁）

と詠うのです。浄土教の特徴は凡夫を救うことです。凡夫を救う法は、根源仏である阿弥陀の本願にしかありません。だからこの十首目の和讃は、「諸邪業繋さわらねば」と本願力による滅罪を説いて、凡夫を救う本願を讃えています。この和讃も、「弥陀の本弘誓願」を「増上縁」として表しています。

それでは次の和讃に進みましょう。

十一　願力成就の報土には
自力の心行いたらねば
大小聖人みなながら
如来の弘誓に乗ずなり

十二　煩悩具足と信知して
本願力に乗ずれば
すなわち穢身すてはてて
法性常楽証せしむ

（『真宗聖典』四九六頁）

まず、十一首目の和讃の最初に、「願力成就の報土」と出てきます。親鸞の浄土を表すときの基本語は、「真実報土」です。これは指方立相の西方浄土という実体観を破って、本願力に酬報された浄土を表します。つまり念仏に帰した信心に、誓願不思議の道理によって、如来の真実のほうから開かれる浄土を言うのです。その如来のはたらきを『大経』では本願力回向と言うのですが、ここでは善導の二種深信の「乗彼願力」という『観経』の表現を尊重して、「弘誓に乗ず」とか「本願力に乗ず」と、外縁として詠われます。

もし浄土が本願力によって開かれなかったならば、衆生の能力とか念仏の回数とかという、衆生の自力に根拠を求めるしかなくなります。そうなると一切衆生の救いになりませんから、浄土教ではこの報土ということが、最大の課題になります。善導もそれを次のように説いています。

問うて曰く。弥陀の浄国は、はたこれ報なりや、これ化なりとせんや。答えて曰く。これ報にして化に非ず。云何が知ることを得る。『大乗同性経』に説くがごとし。「西方の安楽の阿弥陀仏は、これ報仏報土なりと。」また『無量寿経』に云わく。法蔵比丘、世饒王仏の所に在まして、菩薩の道を行じたまいし時、四十八願を発して、一一の願に言わく、もし我仏を得んに、十方の衆生、我が名号を称して、我が国に生まれんと願ぜん、下十念に至るまで、もし生まれずは、正覚を取らじと。今既に成仏したまえり。即ちこれ酬因の身なり。

(『真宗聖教全書』一・四五七頁)

意味は次のようです。最初に善導は、阿弥陀如来の浄土は、報土であるか化土であるかを問うています。その問いに、報土であって化土ではないと、答えます。どうしてそれを知ることができるかと言えば、『大乗同性経』に「西方浄土の阿弥陀仏は、報仏・報土である」と説かれているからです。さらにその根拠を『無量寿経』には、法蔵菩薩が世自在王仏の所で、菩薩の行を行じた時、四十八願の一々に、「もし我仏を得んに、十方の衆生、我が名号を称して、我が国に生まれんと願ぜん、下十念に至るまで、もし生まれずは、正覚を取らじ」と誓われている、本願に報土の根拠があることを挙げています。そして今私は、南無阿弥陀仏と阿弥陀如来に帰依していますが、この阿弥陀如来は、法蔵菩薩の因の本願に報われた身です。ですからその如来の浄土は、当然、報土以外にはありえません。このように善導は説きます。

阿弥陀如来の浄土は、因の本願に報われた世界であると言うのです。あえて善導の二種深信に即して言えば、「出離の縁あることな」き身の因に、「彼の願力に乗じて、定んで往生を得」という、浄土の果が酬報されるのです。

この第十一、十二首目の和讃は、どちらも本願力を外縁として説いてはいても、誓願不思議の因果の道理を踏まえて、仏身・仏土が説かれています。ですから、「大小聖人みなながら」と衆生の機根にかかわらず、「本願力に乗」じて「法性の常楽」、つまり大涅槃の覚りを証する、と詠われるのです。善導の真意も、この大涅槃の覚り、つまり成仏にあるのだと詠われています。

我々の日常の生活は、生活に追われ、この世で生きやすいように財産や地位や名誉を求めて、奔走しています。しかしそんなものは、空しく過ぎるだけで、根源的な満足などどこにもありません。ですから釈尊は、一切衆生の清浄意欲を満足させることこそ、往生成仏であると説くのです。それは日常の欲に捉われた意識ではわかりにくいでしょうが、その底から求めてやまない一切衆生の根源的な意欲とは何か、それは、何者にも比べる必要がなく、私が私でよかったという自体満足、と了解しても間違いではありません。

七祖のお仕事は、学問研究などの自己関心によるのではなくて、仏説による往生・成仏、その一点を明らかにした高僧たちです。龍樹は、それが自力の修行ではなくて、他力の信方便の易行によって実現されると説きました。天親・曇鸞は、信心に開かれる浄土を明らかにして、救われた世界の自体満足と安楽とを示してくれました。道綽・善導は、それが称名念仏による報土として実現することを、明らかにしてくれました。源信は、その報土と化土の違いを明確にして、真実の願と方便の願の峻別を示唆してくれました。師の法然は、一切衆生の往生成仏は称名念仏の一つにあるのですが、そこに実現する「涅槃の城」こそ、『大経』第十八願の核心であることを教えてくれました。親鸞はこれらのすべてを受けて、『教行信証』を執筆します。法然のところで『観経』の教学が完成しているのですが、それが理解されなかったために、それをもう一度、龍樹・天親・曇鸞の『大経』の伝統に返して、往生成仏が本願力回向によることを証明するのです。

このように七高僧は、それぞれの時代の要請の中で、一切衆生の清浄意欲を満たす往生・成仏の一点から、全くぶれていません。我々も仏道を学ぶときには、私的な自己関心などに振り回されず、それを仏説にまで昇華して、この往生・成仏をどうして実現できるのか、それに集中すべきであると思います。

善導は、摂論学派の別時意の念仏という批判、つまり念仏してもすぐに往生が得られずに、後に往生する、という批判に対して、誓願不思議の道理によって「即得往生」する報土として応えたのです。その意味で善導は、一切衆生がわかるように信心も外縁として説き、浄土も西方浄土と『観経』に倣って表現していますが、『大経』の第十八の誓願不思議の道理による「即得往生　住不退転」（『真宗聖典』四四頁）に立っていることに感佩いたします。

四、古今楷定のお仕事

1、善導の二種深信

ここで勉強のために、善導の古今楷定のお仕事について大まかに見ておきましょう。『観経』は、不思議な経典で、一つの経典に観仏三昧と念仏三昧の、二つの宗があるのです（『真宗聖教全書』一・

四四六頁)。これを「一経両宗」と言います。経典には「宗体」が定められていまして、『大経』では「如来の本願を説きて、経の宗致とす。すなわち、仏の名号をもって、経の体とするなり」(『真宗聖典』一五二頁)と言われます。これは、中国で経典が翻訳されていくときに、慣例的に宗体が定められたと言われています。

所依の経典である『大経』は「康僧鎧訳」とあり、『観無量寿経』は「畺良耶舎訳」とありますが、これは一人で訳したのではありません。訳経僧という人たちがいて、康僧鎧や畺良耶舎を中心に、その訳経僧たちのグループで翻訳をしたようです。経典を翻訳するプロジェクトチームのようなものがあったわけです。

当時の中国には、大乗経典や小乗経典や戒律に関する経典などが、区別されずにアトランダムに入ってきて、それを片端から翻訳していくという時代でした。ですから翻訳した後に、この経典は何が書かれているかを議論して、宗体を決めたのです。たとえば『大経』は、広くは「本願」が説かれ、それを一言でいうと、「名号」が説かれている経典であると決められたのです。それを、経典を収める箱に「宗が本願、体が名号」と記しておけば、後で取り出すときに、その経典の性格がよくわかるわけです。それが後に、経典を読むときの方法にまでなって、定着していったのです。この『観経』を翻訳したときに、観仏三昧が書かれているという意見と、念仏三昧が書かれているという意見に分かれたのでしょう。おそらく議論に決着が着かずに、「一経両宗」になったのではないかと推測します。

ですから『観経』を註釈するときに、観仏三昧と念仏三昧のどちらを宗にするかで、その了解が大いに違ってきます。先にも一言しましたが、『観経』の註釈書は、善導の書をはじめとして四本が残っています。最も古いものは、中国に浄土教を広めた浄影寺慧遠の『観経義疏』です。天台教学を大成した天台智顗も『観経疏』を書いています。もう一人は嘉祥寺吉蔵です。この僧は龍樹の三論(『中論』『十二門論』『百論』)を中心にした、空の学僧です。この三人の僧は、自力を中心にした聖道門の僧たちです。ですからこの人たちは、『観経』を観仏三昧を宗とする教えと読んだのです。

それに対して、善導一人が念仏三昧を説いた教えとして読んだのです。同じ『観経疏』でも、このような違いがあります。親鸞が「善導独明仏正意」(『真宗聖典』二〇六頁)と詠うのも、たくさんの人が『観経疏』を書きましたが、善導一人が仏の正意を伝えたという意味なのです。この善導和讃でも、最初に「大心海より化してこそ　善導和尚とおわしけれ」と、善導が阿弥陀如来の応化身だと詠うことも、阿弥陀如来の本意を伝えたのは、善導一人だと讃えているのです。そこに善導の、古今楷定という大切なお仕事があります。

それでは、聖道門の僧たちと善導の『観経』の了解とは、どこが違っているのでしょうか。まず『観経』は、王舎城の悲劇から始まります。聖道門では、この悲劇の当事者たちは仏・菩薩が衆生を救うために、仮に姿を変えてこの世に現れたと了解します。それに対して善導は、韋提希を中心にした人々は皆凡夫であると了解します。そこに『観経』は、凡夫がどのようにして救われていくかを明らかにした教えであることが、明確になるのです。

『観経』が説かれる前、釈尊は、霊鷲山で『法華経』を説いていたと伝えられています（『真宗聖典』六六八頁、八一七頁）。『法華経』は、聖道門にとって一番大切な経典です。その『法華経』を説いていた釈尊が、王舎城で起こっている悲劇を受けて、途中で説くことを止めました。つまり、王舎城の事件のほうが大事だと思われたのでしょう。韋提希が要請しないにもかかわらず、釈尊のほうから山を下りて説くのが『観経』です。

釈尊が山から下りたということは、『観経』は、私たちの分別に合わせて説いているということです。つまり、機と法、衆生と如来、娑婆と浄土と、すべて相対的な私たちの考え方に合わせて説かれていくのです。ですから『観経』はわかりやすいでしょう。

王舎城の悲劇はご承知でしょうから省略しますが、息子の阿闍世が父王の頻婆娑羅を幽閉して亡き者にします。母の韋提希までも幽閉されそうになって、韋提希は次のように叫びます。

時に韋提希、仏世尊を見たてまつりて、自ら瓔珞を絶ち、身を挙げて地に投ぐ。号泣して仏に向かいて白して言さく、「世尊、我、宿何の罪ありてか、この悪子を生ずる。世尊また何等の因縁ましましてか、提婆達多と共に眷属たる。唯、願わくは世尊、我がために広く憂悩なき処を説きたまえ。我当に往生すべし。

（『真宗聖典』九二頁）

韋提希が自ら瓔珞を絶って、身を地に投げて、号泣して釈尊に、「どんな宿業によって、なぜこんな悪い子を産んだのか」と叫びます。瓔珞を地に投げたというのは、賢夫人から丸裸の凡夫に帰って、自分はどこも悪くないのに、なぜこんなことが起こったのかと叫んだのです。さらに、「あなたは私の息子をそそのかした、提婆達多と従兄弟でしょう。どうしてくれるのか」と、釈尊にまでくってかかります。そして、もうこんな娑婆は嫌だ、苦しみのない所を説いてくださいと要請します。さらに、韋提希は次のように言います。

この濁悪処は地獄・餓鬼・畜生盈満して、不善の聚多し。願わくは我、未来に悪声を聞かじ、悪人を見じ。いま世尊に向かいて、五体を地に投げて、求哀し懺悔す。唯、願わくは仏日、我に清浄の業処を観ぜしむることを教えたまえ」と。

（『真宗聖典』九二～九三頁）

韋提希は、五体投地の懺悔をして、「憂悩なき処」という個人の苦悩から、未来に一切の人々の業が清まっていく「清浄の業処」を説いてほしいと願います。つまり、最初は「憂悩なき処」、苦しみのない所を求めますが、五体投地の中で韋提希もわかってくるのでしょう。亡くなった頻婆娑羅も、父を殺した阿闍世も、自分自身も、すべての人が関係しあう中で悲劇は起こったのです。ですから、関係の全体が救われるような「清浄業処」、つまり、すべての業が清まっていくような世界がほしいと、釈尊に教えを請うのです。

その韋提希に対して釈尊は、眉間から光を出して諸仏の国を現じ見せます、「光台現国」と言われる所です。釈尊は、韋提希にすべての諸仏の国の中から、阿弥陀の浄土を選ばせるのです。そうすると「その時に世尊、すなわち微笑したまうに」（『真宗聖典』九三頁）と、釈尊が微笑まれて、「汝いま知れりやいなや、阿弥陀仏、此を去りたまうこと遠からず。汝当に繫念して、あきらかにかの国の浄業成じたまえる者を観ずべし」（『真宗聖典』九四頁）と、説法していくことになります。「如来いま、韋提希および未来世の一切衆生をして、西方極楽世界を観ぜしめんことを教えん」（『真宗聖典』九五頁）と、浄土を観察する定善という方法が説かれていくのです。

汝および衆生、当に心を専らにし、念を一処に繫けて、西方を想うべし。いかんが想を作す。おおよそ想を作すというは、一切衆生、生盲にあらずよりは、有目の徒、みな日没を見よ。

（『真宗聖典』九五〜九六頁）

最初に、太陽が沈む西の方を見なさいと説かれます。定善十三観が、この「日想観」から始まっていきます。

皆さんはインドに行ったことがありますか。頭で勉強するよりも実際に行ったほうが、よくわかります。私は何度も行きました。若い頃には二回ほど、一人で行ったこともあります。なぜかわからないのですが、インドは太陽がすごく大きく見えます。山のように大きい太陽が悠然と海に沈んでいくのを見て、感激しました。南インドのゴアの海岸に、一ヶ月ほど泊ったのですが、夕方になると毎日、太陽を見に行っていました。地球が回っている早さが、手に取るようにわかるのです。暑い太陽が沈むと、少し冷えてきます。暑い日中は犬が死んだように日陰で寝ているのですが、夕方になって太陽が沈む頃になると、犬が少しずつ走り出すのです。涼しくなってきますから、人もなんとなく嬉しくなって活気付いてきます。その時間帯がインド人にとって、一番幸せな時間なのです。それは実際にインドに行かないとわかりません。

だから、西の方の太陽を見なさいと説くのは、太陽を見て浄土を想いなさいと説いているのです。インドに行ってみると、やはりインド人である釈尊が説いた経典なのだと思います。インド人にとって、その次に嬉しいのが水でしょう。インドの宮殿に行けば、どこでも水を引いていますが、あれはお金持ちにしかできません。ですから、次は「水想観」が説かれます。

この定善では、浄土は人間の帰っていくいのちの故郷であって、寂静で、安楽な世界として説かれていくのです。その第一は日想観です。第二は水想観です。さらに次が、地想観で生きとし生けるものの大地として説かれます。そこでは、「もしこの地を観ずる者は、八十億劫の生死の罪を除かん」（『真宗聖典』九七頁）と説かれます。このようにして、第十三の雑想観まで続きます。全部で十三観が説かれていきますから、「定善十三観」と言います。

善導はこの定善を、「息慮凝心」と言います。慮りをやめて心を凝らすという行です。単純に言えば座禅ですから、座禅を組んで、西を見ながら浄土を想うという観察行です。このような自力の行が、十三観説かれていくことになります。

ところが、浄土の観察が十三観まで説かれると、釈尊は唐突に散善を説き始めます。心が乱れている韋提希に、静かに座って浄土を想えと説いても無理だと思ったのか、それとも清浄の浄土を説いて、韋提希に罪障の身であることを教えようとしたのか、いずれにしても定善が十三観で終わります。すると次の問題である、どうしたら浄土に生まれることができるのかを説くために、散善が説かれることになります。

散善が、上品・中品・下品と三観説かれます。上品上生から下品下生までの三観です。善導は定善を「息慮凝心」と言いましたが、この散善は「廃悪修善」と言います。それは、悪を廃して善を修めなさいということです。これまでの定善のような出家の修行というよりも、生活者に対する道徳といってもいいような教えです。釈尊は、どうすれば浄土に往生するかを説くときに、要するに、悪いことをしてはいけません、善いことをしなさいと説いたのが散善です。

ところが、この散善の上品上生のところに、

「上品上生」というは、もし衆生ありて、かの国に生まれんと願ずれば、三種の心を発してすなわち往生す。何等をか三つとする。一つには至誠心、二つには深心、三つには回向発願心なり。三心を具すれば、必ずかの国に生ず。

（『真宗聖典』一一二頁）

と、浄土に生まれようと願うならば、三種の心を発して往生する、と説かれます。これは上品上生だけでなく、下品下生にまで通ずるのですが、三種の心とは、「一つには至誠心、二つには深心、三つには回向発願心」と説かれます。この三心が、いわゆる『観経』の三心です。

衆生を三品に分けるのは、能力や資質として出来のいいものから悪いものまでいるからでしょう。娑婆では上を目指して頑張りますが、善導は最終的には下品下生に立って救われるわけですから、仏道においてはよくできるものが必ずしもいいとは限りません。むしろ、出来の悪さに徹することが大切なのでしょう。しかし、出来のいい悪いにかかわらず、三品を通じて至誠心と深心と回向発願心という、この三つの心が揃えば浄土に往生すると説かれるのです。

ご存知のように、この深心釈に二種深信が出てきます。仏教に目覚めるというのは、「本願の名号に帰す」ことですが、それはどういうことなのでしょうか。人生の中で自分たちの思い、努力、能力

などが間に合わなくなることがあるでしょう。そういう時こそ、本願の教えが聞こえてくる絶好の機会です。

たとえば、清沢満之は『我が信念』の中で、「私の信念には、私が一切のことに就いて、私の自力の無功なることを信ずる、と云う点があります」（岩波『清沢満之全集』六・一六一頁）と言われます。ところが、「此れが甚だ骨の折れた仕事でありました」（同上・一六二頁）と言うのです。自力無効なんて人間にはわからないでしょう。常識ですと、努力が足りないからだ、ということにしかなりません。ところが本願の教えによって、人間の自力では救われないことが決定されるのです。ですから、本願の教えを聞くということが何よりも大切です。真面目に生活しながら本願の教えをよく聞き、それによって自分のことを考えることが大切です。それを「聞思」と言います。仏教を学ぶことと、自分が生きることが、ばらばらになってはいけません。清沢先生は教えに真面目であろうとして、責任地獄の中で悩むわけです。最後には、次のように表白します。

私は何が善だやら何が悪だやら、何が真理だやら何が非真理だやら、何が幸福だやら何が不幸だやら、ナンニモ知り分る能力のない私、随って善だの悪だの、真理だの非真理だの、幸福だの不幸だの、と云うことのある世界には、左へも右へも、前へも後へも、ドチラへも身動き一つもすることを得ぬ私、此の私をして、虚心平気に、此の世界に生死することを得せしむる能力の根本本体が、即ち私の信ずる如来である、私は此の如来を信ぜずしては、生きても居られず、死んで往くことも出来ぬ、私は此如来を信ぜずしては居られない、此の如来は、私の信ぜざるを得ざる所の如来である、

（岩波『清沢満之全集』六・三三二頁）

ここに、「左へも右へも、前へも後へも、ドチラへも身動き一つもすることを得ぬ私」をして、「虚心平気に、此の世界に生死することを得せしむる能力の根本本体」と言われるように、衆生の自力から、如来のはたらきへと翻っています。ここに清沢先生が、どれほど真面目に仏道の教えを聞思していたかが表れています。くどいようですが、人生経験の中だけで自力無効がわかるのではなくて、本願の教えに自力無効を知らされるのです。

当然のことですが、善導も『観経』の三心の教えを聞思して、まず至誠心に生きようとされたのです。しかし、真実に生きようとすればするほど、自分の中に真実なんてどこにあるのかという問題に悩まれたのでしょう。清沢の表明を聞けば、それがよくわかります。「何が善だやら何が悪だやら、何が真理だやら何が非真理だやら、何が幸福だやら何が不幸だやら、ナンニモ知り分る能力のない私」、それを基点にして本願力に翻るのです。善導も当然、至誠心を生きようとして、この問題に突き当たります。ですから次の深心釈に、二種深信が説かれるのです。

一には決定して深く、自身は現にこれ罪悪生死の凡夫、曠劫より已来、常に没し常に流転して、出離の縁あることなしと信ず。二には決定して深く、彼の阿弥陀仏の四十八願は衆生を摂受して、疑いなく慮りなく、彼の願力に乗じて、定んで往生を得と信ず。（『真宗聖教全書』一・五三四頁）

『観経』に、深い心と説かれるのは、深く信じる心という意味です。その一つは、自身は現に罪悪生死の凡夫であることとです。人類始まって以来の昔から流転してきて、永遠の未来にわたって救われる縁のない身であると信じます。同時にもう一つは、『大経』に説かれる阿弥陀如来の四十八願は、一切の人を摂め取って、疑いなく躊躇することなく、この願力に乗托して決定的に往生の人生に立たされたと、信じます。このように善導は『観経』の深心釈で、自力の無効を知らされて『大経』の本願力に翻るのです。

このような信心の目覚めに裏打ちされて、善導は下品下生に着地するのです。その下品下生では、

「下品下生」というは、あるいは衆生ありて、不善業たる五逆・十悪を作る。もろもろの不善を具せるかくのごときの愚人、悪業をもってのゆえに悪道に堕すべし。多劫を経歴して、苦を受くること窮まりなからん。（『真宗聖典』一二〇頁）

と、説かれます。「愚人」とは社会的な犯罪者というよりも、如来に背き反逆するものという意味です。私たちはいつも自分を中心に生きています。その時には、仏教なんていらない、仏教などなくても生きていける、仏なんてどうでもいいと思っているでしょう。それを「愚人」と言うのです。一生悪を作るというのは、その在り方そのことが、一生涯、如来に背き反逆し続けながら生きるということです。だから「愚人」の人生は、如来に反逆する証拠として、「苦を受くること窮まりなからん」と説かれます。

けれども、そのような愚人でも命終わる時に、仏を憶いなさい、それができなければ称名念仏しなさいと、善知識が仏法を説いてくれます。ですから、まず教えがいるのです。病気で死ぬような思いをしている人に、仏を憶えと言っても無理でしょう。だから「汝もし念ずるに能わずは」（同上）と、仏を憶うことができないならば、「南無阿弥陀仏」と無量寿仏を称えなさいと説かれるのです。この下品下生のところに、称名念仏が出てきます。

私は、最近自分が死ぬことばかりを思います。そうすると『観経』のこの教えが、実にありがたいと思えるようになりました。死がそこまで来ていて、やっと「南無阿弥陀仏」と称えることができれば、自分の人生が走馬灯のように駆け巡って、元気なときには如来に背き我を張って生きてきましたが、生まれた時から思いの届かない如来のいのちを賜って、そのいのちを生かされて、これからまた如来のいのちに還っていく、それが正直ないのちの事実です。分別を超えたいのちの事実が、この身に、はっきりとわかるのではないでしょうか。

善知識の教えにしたがって、称名念仏すればどうなるかが、次のように説かれます。

かくのごとく心を至して、声をして絶えざらしめて、十念を具足して南無阿弥陀仏と称せしむ。仏名を称するがゆえに、念念の中において八十億劫の生死の罪を除く。命終の時、金蓮華を見る。猶し日輪のごとくしてその人の前に住す。一念の頃のごとくに、すなわち極楽世界に往生することを得ん。

（『真宗聖典』一二〇〜一二一頁）

命終わる時に仏のほうから来迎してくれると説かれます。要するに臨終来迎です。これは、実に重要な教えだと思います。死ぬまで、自力が抜けない人間にとって、せめて死ぬ時だけでも南無阿弥陀仏を称えなさいと教えられます。そうすると、自力によって橋が架からなくても、分別が朦朧としてくると如来のほうから迎えに来るということでしょう。生まれてから死ぬまで本来いのちの事実は、分別を超えた一如の世界に在るのですから、分別が弱くなれば一如の法が立ち上ってくるのでしょう。それを象徴的に、臨終来迎と教えているのではないでしょうか。ですから、如来から開かれてくる他力の仏教は、「南無阿弥陀仏」を称えることだと説かれているのです。善導は自分の立つべき立脚地が、この下品下生にあるという理由が、ここにあるのだと思います。

凡夫でも自力無効を契機にして、必ず仏に成ることが決定されます。親鸞はこれを、「いし・かわら・つぶてなんどを、よくこがねとなさしめんがごとし」（『真宗聖典』五五三頁）と譬えます。一切衆生の根源は、如来の本願です。その本願を失い、それに背くものが凡夫です。しかしそれを自覚的に回復すれば、必ず仏に成ります。仏も凡夫も衆生ですが、その根拠となる如来の本願は共通です。ですから、凡夫が仏に成る者へと転じるのです。この転じるということが、大乗仏教の最も大きな特質なのです。

2、転成

私は、これまでに南米の同朋大会や、親鸞聖人の七百五十回の御遠忌などで、三度ブラジルへ行ったことがあります。日本から折角来たのだからと、ブラジル各地でお話ししたり、講義をさせていただきました。今は三世の時代ですから、日本語がわかる人はあまりいません。それと同時に、真宗の教義についても、知っている方はほとんどいません。ですから、どこでお話ししても皆さん熱心に聞かれますし、「質問は」と聞くと、一人残らず全員が手を挙げます。どこの会場でも、ちょうど六、七十年前の日本の聞法の場がそのままブラジルで残っているような、熱気に包まれていました。

二回目に参りました時、最後の日でしたが、サンパウロ別院で法話をさせていただきました。真宗の教義の解説をしても、わかってもらえません。ですから、生活に則しながら、人間としての苦しみや悲しみをどう超えていったらいいのかという、わかりやすいお話をしました。たくさんの人でしたが、その中で特に目を引いたのですが、一人の女性が真剣な眼差しで、食い入るように聞いているのです。思いつめた顔で、彼女の熱意が私に伝わるほどの眼力でした。白人で金髪の中年の女性でしたから、ポルトガル系の方だなと思いましたが、通訳を通してのお話ですから、本当に伝わっているのだろうかと心配でした。

お話が終わってから、「何か質問はありませんか」と言いましたら、例のように全員が手を挙げるのです。全員が手を挙げると、誰を指名したらいいのかわかりませんので、誰も手を挙げないのと同じです。ですから、どうしても質問をしたい人は、前に走ってきて私のマイクを取り挙げて喋り始めるのです。案の定、その女性が私のほうに走ってきて、私のマイクを取って、一気呵成に話し出しました。真剣な眼差しで、途中で涙を流しながら話していましたが、ポルトガル語で、私には何を言っているのかわからなかったので、教学研究所のリカルド先生に通訳していただきました。

その方の話では、ほぼ一年くらい前に、夫が五十代で亡くなったそうです。まだ若いので、まさか亡くなるなんて思ってもいなかったのでしょう。急に亡くなったので、その日から生きる勇気がなくなったというわけです。もう生きる元気もないし、何もしたくないから、部屋にこもって泣いてばかりいたということでした。自分には子どもがいるから、食事を作ったり、洗濯をしなければならないのですが、その気力もないということでした。結局病院に行くと鬱病と診断されて、どうしていいかわからない、「何とかしてくれ、助けてくれ」と涙ながらに訴えるのです。

皆さんはどうしますか。若い頃なら、「自分で考えてください」と突っぱねたでしょうが、そのときは突っぱねるのも申し訳ない気がしましたので、丁寧に「申し訳ない。私はあなたを助けてやることはできない」と謝りました。聴衆の中には、東西本願寺サンパウロ別院の開教師の方たちも大勢聞いていましたので、立派なことを言わなければと思って焦りましたが、正直に自分の思いを申し上げる他はありませんでした。

「どうなりたいのですか」と聞いても、「ただただ辛くて、苦しい。せめてこれを何とかしてくれ」と言うだけです。「私には何もしてやれません。どうしようもないから、苦しまないと仕方がない」と申し上げたら、ものすごい剣幕でまくし立てられました。リカルド先生がなかなか通訳してくれないので、「何を言われても驚かないから」と申し上げると、「お前は、それでも坊さんか」と言っていたのだそうです。実に率直です。

「私はあなたと代わることもできないし、あなたを助ける力なんてありません。だから助けることなんてできません。明日一日でもあなたの話を聞いてあげられればいいのですが、日本に帰らなければなりませんので、それもできません。それでも坊さんかと言われれば、その通りです。本当に申し訳ない」と何度も謝りました。

私たちは、生活していく中で、まず私ということが大前提になっていますから、それを疑うことさえできません。自分が生きて自分が考えることは、本能的に正しいと思っています。自分が経験したことも間違いないと思っています。そういう在り方が、如来に背き反逆しているのです。如来という言葉がわかりにくければ、分別的な在り方が、いのちの事実に背いていると考えても間違いではないでしょう。どんなことが起こっても、いのちはそれを引き受けて生きています。しかし、分別は都合がいいことしか引き受けられませんから、いつも苦しんでいきます。ですからその苦しみを縁にして、分別しかない生き方が間違っているのではないかと、教えるしかありません。

その女性に、「一年間、死んでしまいたいと思って、悩み苦しんだそうですね。何もしたくなくて部屋にこもっていたそうですが、その間にご飯は食べなかったのですか」と聞いたら、「食べました」と言いました。「そうでしょうね」と言うと、「これでも五キロは痩せました」と言うのです。「苦しんでいる最中でも、あなたの身はちゃんと食事をして、あなたのいのちはあなたを支え、あなたを生かしているではないですか」と言うと、「そうです」と答えていました。「寝ている時も、食べた物を消化するために内臓がはたらいて、無意識に心臓が動いてくれて、いのちはあなたを支えているのです。それを他力というのです」と言うと、不思議な顔をしていました。要するに頭で考えることと、事実とは違います。事実は事実として引き受けるしかありません。自分の思いのほうを変えるしかありません。

私たちは思い通りにしたいと思って生きていますから、思い通りにならないと苦しみます。しかし、事実を思いで曲げるわけにいきませんから、思い通りになるわけがありません。今、苦しんでいる人は、それさえわからないのでしょう。なぜ主人は死んだのか。なぜ私だけこんな目に遭わなければならないのか。元通りの生活に戻ってほしいということばかりを思って、苦しんでいるわけでしょう。ですから、その考え方が違っているのではないかということを、何とかわかってほしいと思ったのです。それを私の経験したことや、生活の中の出来事を通して象徴的に伝えようとしたのです。

真剣な顔で聞いていたのですが、三十分ほどすると彼女の顔が、段々変わってきました。まわりで聞いている人も、自力が届かないことを他力というのか、自力を超えてもっと大きな世界に生かされているのだと、何となく感覚でわかってくるわけです。

おそらく彼女もそうだったのでしょう。少しにこやかな顔になってきたのです。それでもういいだろうと思って、「私はあなたを助けられないし、どうしてやることもできません。申し訳ありません」と、帰ろうとすると、いきなり私に抱きついて再び泣き出したのです。何か一生懸命、ポルトガル語で話していました。通訳してもらうと、「私は、主人が死んでから、一年間、サンパウロの宗教という宗教を全部まわりました」と言うのです。このサンパウロの別院に来たのは、その日が初めてで、真宗の話を初めて聞いたそうです。「ありとあらゆる宗教を回ってきたけれど、あなたのところの宗教のように冷たい宗教は初めてだ。「助けてくれ」と言っているのに「知らない。それはあなたの問題だ」と言われる。けれども、聞いていて私は嬉しくなってきました」と言うのです。

「あなたの話を聞いているうちに、私は宗教を勘違いしていたのかもしれません。今日まで回ってきた宗教は、全部助かる方法を教えてくれましたが、それは何の役にも立ちませんでした。今日のお話はそれとは違っていたように思います。宗教は、苦しんでいる人を助けてくれるとか、慰めてくれると思っていたけど、そうではないということがわかってきました。苦しんでいるその本が、間違っているのではないかということを教えられたような気がします。それがわかっただけでも、すごく嬉しい。私が変われるかどうかはわかりませんが、それを望みにして生きていける気がしてきました」と、涙を流していました。彼女は帰る時に「また来ます」と言って、嬉しそうに帰って行ったのです。私も嬉しくなって、彼女の後ろ姿に合掌したくなりました。

3、念仏三昧と観仏三昧

大乗仏教は、この転成ということが最も大切な特質です。『観経』でも、「まず真実心を以て悪いことをするな」と説きます。それが一つ目の至誠心です。次の深心釈で、自力から他力への転成が説かれます。善導は二種深信の機の深信に立って、下品下生こそが自分の立脚地であることを明確にし、称名念仏一つを往生浄土の行と決定するのです。そこから『観経』を見直せば、定散二善は自力を尽くさせるために設けられた方便で、自力無効を教えるための釈尊の大悲であると見ることができます。

四　釈迦は要門ひらきつつ
　　定散諸機をこしらえて
　　正雑二行方便し
　　ひとえに専修をすすめしむ

（『真宗聖典』四九五頁）

この四首目でも、釈尊が専修念仏に招き入れるために、定善・散善の方便を設けてくださった、と詠われています。ですから、善導から見れば、『観経』は、一切衆生を仏教に招き入れるために、定散二善で自力を尽くさせて、自力無効を知らせるための方便です。そして最後には、自力を捨てて念仏しなさいと、称名念仏一つに導くためです。このように定散二善が方便で、下品下生の称名念仏が真実ということになります。

ところが、浄影寺慧遠・天台智顗・嘉祥寺吉蔵という聖道門の人たちは反対に、定善が『観経』の中心になります。何故かというと、観仏三昧こそが聖道門の修行だからです。そうなると下品下生の称名念仏は、観仏三昧ができない凡夫のために設けられた方便になります。これは、自分の自力を信頼して、観仏三昧ができるというエリートの側に立った見方です。そうすると、観仏三昧が真実で、念仏三昧が方便になるわけです。

このように浄土門と聖道門とでは、『観経』の読み方がまるで反対になります。しかし、法然や親鸞は若い頃、比叡山で観仏三昧を中心にした定善に励んだわけです。ところがそれが適わずに法然は、善導の『観経疏』の文に遇って、浄土教に帰依します。親鸞は比叡山を下りて、法然に遇って念仏一つに帰依します。二人とも、比叡山で観仏三昧の定善を実践し、下山して散善を実践して、称名念仏一つに帰依したのです。善導の『観経』の教えの通りに、実践したことになります。

慧遠・智顗・吉蔵・善導は『観経』の註釈書を著していますが、聖道門の了解のほうが数から言っても多いわけです。しかし、親鸞は善導一人だけが、阿弥陀如来の本願の正意を明らかにしてくださったと仰ぐのです。それまでの聖道門の『観経』の了解を、古今楷定されたのです。古今楷定とは、これまでの『観経』の了解を正しく定めて、将来の規範としたという意味です。善導が阿弥陀の本願の念仏一つに定めたので、善導を阿弥陀の化身と仰ぐのです。

このような『観経』の了解をよく知っておいてください。観仏三昧が真実で、称名念仏が方便だという聖道門とは反対に、観仏三昧は自力無効を知らせるための方便で、称名念仏一つが真実であるということです。

善導和讃　第二講

一、二尊教

さて、次の第十三首目の和讃を拝読しましょう。

十三　釈迦弥陀は慈悲の父母
　種種に善巧方便し
　われらが無上の信心を
　発起せしめたまいけり

（『真宗聖典』四九六頁）

この和讃は、「教主の釈尊は慈父、救主の弥陀は慈母として、数々の巧みな手立てで我らの無上の信心を発こさせてくださった」という意味です。これまで詠ってきた『観経』の教えは、すべて釈尊の大悲に極まっていきますので、この和讃では釈尊を先にして、釈迦・弥陀という順で詠われます。ここに表明されるように、凡夫の信心の発起は、釈迦・弥陀の二尊の教えによると明確にしたのは、善導が初めてです。その善導の功績をたたえて讃詠されています。

この二尊教がわかりやすく説かれているのが、二河の譬喩です。そこでは次のように説かれます。

我今回らばまた死せん、住まらばまた死せん、去かばまた死せん。一種として死を勉れざれば、我寧くこの道を尋ねて、前に向いて去かん。既にこの道あり、必ず度すべしと。この念を作す時、東の岸にたちまちに人の勧むる声を聞く。仁者ただ決定してこの道を尋ねて行け、必ず死の難なけん。もし住まらばすなわち死せんと。また西の岸の上に人ありて喚うて言わく。汝一心に正念にして直ちに来たれ、我能く汝を護らん。すべて水火の難に堕せんことを畏れざれと。この人既に此に遣わし彼に喚ぶを聞きて、即ち自ら正しく身心に当りて、決定して道を尋ねて直ちに進みて、疑怯退心を生ぜず（後略）

（『真宗聖教全書』一・五四〇頁、後略筆者）

ここに説かれるように、三定死の自力無効を潜って、初めて、娑婆から釈尊の「決定してこの道を尋ねて行け」と発遣の声が聞こえ、西の岸から阿弥陀如来が「汝一心に正念にして直ちに来たれ」と招喚してくださっている、その二尊の声によって凡夫が白道を進むことができる、と説かれます。

「此に遣わし彼に喚ぶを聞きて」と、ここに発遣と招喚の二尊の教が表されています。しかしこれは、本願の救いに立った善導の譬喩です。あたかも釈尊の教えと、阿弥陀如来の救いが二つあるように見えますが、事実あるのは釈尊の教えだけです。釈尊の本願の教えの中に、阿弥陀如来の招喚の声を感得するのです。

私は大学院の学生の頃、この二河譬がゼミの発表で当たったことがあります。しっかり調べ勉強して、発表に臨みました。他の人によくわかるように発表したつもりでしたが、わかるように言えば言うほど、どこか自分の信仰と離れていくような感じがありました。信心が観念化してくると、何か違うような感じがしたのです。案の定、松原祐善先生が烈火のごとく怒って、「君の発表を聞いていると、まるで釈尊と阿弥陀とが、二人いるように聞こえる。これは善導大師の譬えであって、信心の事実は二人ではない。その一如の事実がどういうことかを本当にわかっていないと、譬えに振り回されて、譬えに迷う。君の発表は譬えに迷っとる」と、大声で怒鳴られたことがありました。本当は怒られるのは嫌なのですが、そのときは「やっぱりな」と、自分で全面的に納得したことを覚えています。

あるのは善知識の教えだけです。その教えによって、自分の内から突き上げてくる阿弥陀如来の本願力を教えられるのです。人間は不思議な生き物で、頭で考える分別の世界と身やいのちの世界とが二つに分かれています。分別の世界では生活のことや、この世で生きやすいように地位や名誉を求めてやみませんが、いのちの根源から本当にそれでいいのかと、いつも突き上げてくるものがあります。

その狭間でいつも悩みますが、内から突き上げてくるものは、一体何を求めているのかがわかりません。それは、世間の何物を持ってきても満足しない心だからです。その心が、何を求めているのかを教えるのが浄土教ではないでしょうか。

世間の何物にも満足できない心こそ、出世間の阿弥陀如来の浄土を求めている心であり、その心がそのまま本願招喚の勅命であると明確に教えられて、有限な娑婆を生きようとする分別の横軸と、無限の出世間を求めていた宗教心の縦軸との交通整理ができるのです。世間を生きようとする横軸と出世間に突き抜けようとする縦軸とが混乱するところに、迷いの苦しみが起こります。分別の無効を通して、いのちの深奥から「浄土に生まれよ」と呼び続けていた本願のはたらきこそ、本質的な自己だとわかるのです。その本来の自己である南無阿弥陀仏が、分別を破って名告り出て、初めて自力の頭が下がるのでしょう。

このように釈尊の教えによって、自己の内奥に本願力を教えられ、それに救われていきますから、釈尊が教主で阿弥陀如来が救主です。外からの善知識の教えによって、内の本願力が引っ張り出されるのですから、『大経』では内因としての信心を説くのです。

親鸞は、この二尊教の教えを尊重して、『大経』の大意を次のように述べます。

弥陀、誓いを超発して、広く法蔵を開きて、凡小を哀れみて、選びて功徳の宝を施することをいたす。釈迦、世に出興して、道教を光闡して、群萌を拯い、恵むに真実の利をもってせんと欲してなり。

（『真宗聖典』一五二頁）

阿弥陀如来は本願を建て、凡小を哀れんで、名号一つを選び取ってくださった。釈尊は群萌を救うために、本願を説き仏道を明らかにしてくださった。『大経』は、この二尊の大悲によって、凡夫を他力の信心に導き、仏に成る道を明らかに説いてくださった。その恩徳を詠ったものが、この第十三首目の和讃です。

二、内因としての信心

これ以降の和讃では、これまで『観経』の教えに則して詠ってきた、外縁としての信心ではなく、内因としての信心、つまり『大経』の信心に焦点が移るように思われます。次の和讃を三首見てみましょう。

十四　真心徹到するひとは
　　金剛心なりければ

三品の懺悔するひとと
ひとしと宗師はのたまえり

十五　五濁悪世のわれらこそ
金剛の信心ばかりにて
ながく生死をすてはてて
自然の浄土にいたるなれ

十六　金剛堅固の信心の
さだまるときをまちえてぞ
弥陀の心光摂護して
ながく生死をへだてける

（『真宗聖典』四九六頁）

十四首目は「如来の真実心が罪障の身に徹到すれば、金剛心を得るのですから、上品・中品・下品の懺悔をする人にも等しいと、善導は教えている」という意味です。十五首目は「五濁の世を生きる我らこそ、他力の金剛心だけで、永遠に生死の迷いを超えて、無為自然の浄土で仏に成る」と詠われます。十六首目は「金剛堅固の信心が決定する時を待って、阿弥陀如来は智慧の光によって我らを摂取し護って、永遠に生死の迷いを超截する」と詠われます。この三首は、二尊によって発こされた金剛の信心と、その利益を詠った和讃です。第十四首目の和讃は、『往生礼讃』の文章を基にした和讃であると思われます。

1、『往生礼讃』について

『教行信証』をよく読みますと、『観経疏』も大切なのですが、親鸞はそれよりも『往生礼讃』のほうを大切にしていると思われます。たとえば「行巻」の七祖の引文の善導のところは、全部で十文の引文がありますが、そのうち五文が『往生礼讃』です。『観経疏』「玄義分」から二文、『観念法門』から二文、『般舟讃』から一文の、計十文になっています。数の上から言っても、『往生礼讃』が半数を占めています。

また、「行巻」(『真宗聖典』一九一頁)と「信巻」(『真宗聖典』二二二頁)の大切なところに、智昇師の『集諸経礼懺儀』から『往生礼讃』の深心の文を引いています。親鸞が『往生礼讃』を直接引かずに、わざわざ智昇の『礼懺儀』から引くについてはいくつかの理由が考えられますが、紙面の都合で一つだけ挙げておきます。

『往生礼讃』では「名号を称すること下至十声一声等に及ぶまで」(『真宗聖教全書』一・六四九頁)となっているのですが、『礼懺儀』に収録されているほうは、「名号を称すること下至十声聞等に及ぶまで」となっています。親鸞は、「行巻」と「信巻」で、『礼懺儀』の「聞」に注目して、念仏の行と聞信とが離れない、つまり行信不離を言おうとしているのです。善導は、称名念仏の行に立って『礼讃』と讃嘆に焦点があります。曇鸞の『論註』でも、称名念仏は讃嘆門として註釈されますから、行は基本的に讃嘆を表すのです。それに対して信心は、この和讃でも詠われるように、自力の迷いを破る金剛心の発起ですから、それに照らされた懺悔が内容になります。智昇は、この信心に立って『礼懺』と懺悔に焦点があるのです。ですから『礼讃』と『礼懺』の書名にも、親鸞が大切な意味を見出していることがわかります。

このように親鸞は、善導の著作の中でも『往生礼讃』を特に大切にしています。なぜなら善導はその冒頭に、次のように記しているからです。

謹みて『大経』及び龍樹・天親、この土の沙門等の所造の往生礼讃に依り、集めて一処に在き、分ちて六時を作る。

(『真宗聖教全書』一・六四八頁)

ここに善導が記すように、『往生礼讃』は『大経』と龍樹・天親を中心にして、その他の沙門の礼讃の文を集めたものです。親鸞は『大経』に立って『教行信証』を書くのですから、善導の著作の中でも『往生礼讃』を大切にするのは、当然だと思います。この善導和讃でも、『往生礼讃』による和讃で多くが占められています。

これまでの講録等では、親鸞の『教行信証』の大切な部分は、曇鸞の『論註』と善導の『観経疏』であると指摘しています。確かに『論註』がなければ、『教行信証』はなかったかもしれません。さらに、その根源は法然との出遇いですから、善導教学が親鸞の原点になっています。善導の主著は『観経疏』ですから、その教学の全体像を捉えるためには、『観経疏』が大切なのはわかります。

ところが講録などの参考書は、そこから曇鸞なら『論註』に返って、善導なら『観経疏』に返って、曇鸞と善導の仏道了解を滔々と述べて、それがあたかも『教行信証』の了解であるかのように講義しているのです。果たしてそうでしょうか、親鸞は、たとえば二種回向の了解なら『論註』に大きな影響を受けていますが、曇鸞の回向の二種相をそのまま述べるのではなくて、『大経』に返して親鸞独自の二種回向論を展開しているでしょう。『観経疏』なら「信巻」に大切な三心釈が長く引文されますが、そこも親鸞は、『大経』に立って読み替えています。

さらに言えば、親鸞の信心を二種深信で解説する人が多いのですが、二種深信は「信巻」の三心釈の引文に出てくるだけで、『教行信証』全体は「我一心」という『大経』の信心に立っていることはすぐにわかります。二種深信は、『観経』の大切な信心の表現ではあっても「外縁」です。信心が大涅槃にまで通達している「内因」としての一心こそが、親鸞の『大経』の信心です。『教行信証』の核心である「三心一心問答」も、さらに本願力回向も、内因としての一心でないと開かれることはなかったことからも、それがわかります。

そのように『教行信証』は、曇鸞の仏道了解や善導の仏道了解をそのまま述べているのではなく、『大経』に帰った親鸞独自の了解があるのですから、『教行信証』によって親鸞の仏道観に眼を注がなければ、『教行信証』の独自性がわからなくなるのではないでしょうか。

そういう眼で見ると、『教行信証』は『観経疏』の了解を踏まえながら、『往生礼讃』のほうに重きを置いているように思えるのです。

2、金剛心の成就

さて前置きが長くなりましたが、第十四首目の和讃が基にしている文は、『往生礼讃』の次の文です。

> 懺悔に三品あり、上中下なり。上品の懺悔は、身の毛孔の中より血を流し、眼の中より血を出だすをば、上品の懺悔と名づく。中品の懺悔は、偏身に熱き汗毛孔より出ず、眼の中より血の流るるは、中品の懺悔と名づく。下品の懺悔は、偏身徹りて熱く、眼の中より涙出ずるをば、下品の

懺悔と名づく。（中略）応に知るべし、流涙・流血等に能わずといえども、ただ能く真心徹到する者は、即ち上と同じ。

（『真宗聖教全書』一・六八〇頁、中略筆者）

ここに三品の懺悔が説かれますが、最後に善導は、「流涙・流血等に能わずといえども、ただ能く真心徹到するは、即ち上と同じ」と説いて、阿弥陀如来の真実心に貫かれた懺悔は、三品の懺悔と同じであると言っています。第十四首目は、この文をそのまま和讃にしているのです。「真心徹到」とは、「五濁悪世のわれら」が如来の真実心に貫かれることですから、いのちの深奥より分別を破って南無阿弥陀仏が名告り出ることです。親鸞の「三心一心問答」で言えば、至心釈の懺悔に当たるでしょう。そこでは次のように始まります。

竊かにこの心を推するに、一切の群生海、無始よりこのかた乃至今日今時に至るまで、穢悪汚染にして清浄の心なし。虚仮諂偽にして真実の心なし。ここをもって如来、一切苦悩の衆生海を悲憫して、不可思議兆載永劫において、菩薩の行を行じたまいし時、三業の所修、一念・一刹那も清浄ならざることなし、真心ならざることなし。如来、清浄の真心をもって、円融無碍・不可思議・不可称・不可説の至徳を成就したまえり。如来の至心をもって、諸有の一切煩悩・悪業・邪智の群生海に回施したまえり。すなわちこれ利他の真心を彰す。かるがゆえに、疑蓋雑わることなし。この至心はすなわちこれ至徳の尊号をその体とせるなり。

（『聖典』二二五頁）

ここに法蔵菩薩の真実心が、親鸞に「真心徹到」した懺悔が表明されています。特徴的なのは、衆生とは異質な真実心との関係で起こる懺悔ですから、「一切の群生海、無始よりこのかた」と群生海の横軸の広大さと無始よりという永遠の縦軸とを述べて、人類始まって以来の一切衆生の広大な流転の業の懺悔が述べられていますから、親鸞の個人性をはるかに超えています。ここに自力の懺悔ではなくて、如来の真実心に徹到された懺悔の特質が忌憚なく表現されています。それが、他力の金剛心によって起こる、と詠うのが第十四首目の和讃です。

次の十五首目の和讃も、「五濁悪世」の衆生が金剛心一つで生死を超え、必ず仏に成ると詠う和讃です。

親鸞は、「信巻」の「三心一心問答」を終えた後の御自釈で、二河譬で善導が「能生清浄願往生心」と説くのを、『大経』によって「能生清浄願心」と読み替えます（『真宗聖典』二三五頁）。衆生が発した願往生心という残影を破って、『大経』による願往生心は、そのまま如来の願心と一如であると言うのです。それを「金剛の真心」と讃えています。その後に『観経疏』「玄義分」から、大切な文を引用します。

道俗時衆等、おのおの無上心を発せども、生死はなはだ厭いがたく、仏法また欣いがたし。共に金剛の志を発して、横に四流を超断せよ。正しく金剛心を受け、一念に相応して後、果、涅槃を得ん者と云えり。

（『真宗聖典』二三五頁）

ここに、自力の無上心を発しても生死を厭い難いが、他力の金剛心によってのみ四流の迷いを超断して、必ず大涅槃を得ると説かれています。『教行信証』はこの後、この金剛心を「金剛心の行人」と言い、「横に四流を超断せよ」を「必可超証大涅槃」と明確にして、この二つを真仏弟子の規定にするのです。

三、真の仏弟子

真仏弟子釈を見てみましょう。

「真仏弟子」と言うは、「真」の言は偽に対し、仮に対するなり。「弟子」とは釈迦・諸仏の弟子なり、金剛心の行人なり。この信・行に由って、必ず大涅槃を超証すべきがゆえに、「真仏弟子」と曰う。

（『真宗聖典』二四五頁）

このように、真仏弟子とは「必可超証大涅槃（必ず大涅槃を超証すべき）」が決定した「金剛心の行人」のことを言うのです。したがって、十四から十六首の和讃を詠う親鸞の念頭には、この真仏弟子釈があるのです。

『教行信証』の「行巻」の後半は「誓願一仏乗」が説かれていますし、「信巻」の後半はこの「真仏弟子」が説かれています。「信巻」と「行巻」とは対応していますから、要するに誓願一仏乗に立った者を真の仏弟子と言うのです。ですから、『教行信証』のこの辺をよく読んで、これらの和讃を頂くべきであると思います（拙著『親鸞の主著『教行信証』の世界』東本願寺出版参照）。

言うまでもなく、金剛心を獲得するには、機の深信が大切です。時機の自覚が浄土教の特質ですが、それは十五首目の「五濁悪世のわれら」とか、十六首目の「ながく生死」等の言葉で表されています。

その意味は道綽のところでも述べましたが、少し違った視点で述べてみます。

以前、テレビに、東京工業大学の名誉教授である本川達雄先生が出ていました。その先生は、「ナマコ」の研究している方でした。失礼ながら名前を聞いていたくらいで、私は詳しく存じませんでした。「ナマコ」なんて、一生をかけて研究している方がいるのだなと、軽い気持ちで見ていました。

最初は、株の取引きの話から始まりました。昔は、手の合図で株の取引きをやっていた、それが今やコンピューターになって、一秒の間に世界中のおびただしい金が動く時代になった、その金額たるや、もう人間の手に負えない額になっていて、何かあれば一瞬にして世界中がパニックになるのは目に見えています。それにもかかわらず、取引きの時間をまだ短縮しようとして、一秒の百分の一とか千分の一の単位にまでできている、人間の欲には止め処がなく、まだ時間を短縮しようとするなんて、人間は何と愚かな生き物かと嘆いていました。

ナマコの研究なんてと思っていた私は、ここまで聞いてこの先生は偉い方だなあと思い直して、話に聞き入りました。先生が仰るには、「人間のやることはすべてが欲である、その欲で思い描いた世界を実現しようとして、悪戦苦闘しているだけのことだ」と言うのです。その欲の世界を一生懸命実現しようとして、世界中が動いていると言うのです。

それを実現するには、一番わかりやすい言い方をすると、お金がかかります。それを科学者の目で捉え直せば、最終的にはエネルギーがいるのだと言われました。電気やガソリンやその他たくさんのエネルギーがいるわけです。ところが、必要なエネルギーが調達できなくなると、原発まで作ってそれを賄おうとしていると指摘していました。東北の震災のように、原発が爆発して皆が死んでしまうくらいの目に遭っているのに、まだその生き方を変えないで、一生懸命に自分が思い描いた世界を実現しようとしているのは、何と歎かわしいかと言うのです。

本川先生は、「人間はバカだ」と言って怒っていました。そして「ナマコを見習え」と、大声で叫んでいました。思わず吹き出してしまうほどおかしかったのですが、しかし仰っていることは実に正しいのです。ナマコは何もしません。じっとしているからエネルギーがいらないそうです。ですから食べるものも少なくて、周りの砂を食べて、砂の中にあるちょっとしたものを摂って、砂だけ出しているのだそうです。

人間も、もともとそうだったのだと言っていました。大自然と共に生きる時は、自然に与えられたものだけで生きていたわけです。それが欲に駆られて何代もの時間が経つうちに、もう取り返しのつかないところまできてしまった。しかもその愚かさが、わからないのが人間です。だから大昔からいまだに生き方を変えていない、ナマコを見習えと言うのです。「人間はバカだけどナマコは偉いよ」とナマコを散々誉めていました。

本川先生をインターネットで調べてみましたら、あの先生はもともと、「自己とは何か」が知りたかったのだそうです。そういう問いは、常識なら宗教や文学のほうで研究するのでしょうが、どうも自分には文科系は向いていないと思ったのだそうです。ですから人間とは違う動物を研究して、自己とは何か、人間とは何かを、学ぼうと思ったのだそうです。

科学のほうで人間とは何かを学ぼうとすると、すぐに思いつくのは、チンパンジーやサルといった霊長類の研究だそうです。人間に近い動物の研究をして、人間との違いを明確にすることが多いらしいのですが、先生はそれをしなかったというのです。なぜかと言うと、そういう研究は世界中から注目され、有名になって、最終的には金銭的に豊かになるからだそうです。科学者も欲の塊なので結局は、お金になる研究をしようとするのだそうです。ところが先生の偉いところは、「科学者になったとしても、お金になる研究をしたら自分が駄目になる、自分だけは、絶対に金にならない研究をしなければならない」と思ったそうです。

何の研究をしようかと迷っている時、沖縄の海でナマコに出会ったのです。ナマコは何もしないし、何の役にも立ちません。けれども、ナマコは世界中にいるのだそうです。何もしないのに、世界中どこにでもいるということは、絶対に偉いはずだと思って、ナマコの研究を始めたということでした。ナマコなんて誰も研究しませんし、そんなものを一生研究していれば皆からバカだと言われるし、研究したからといって、誰かが利用して何かをするというわけでもないので、金にはならないと思ったそうです。金さえ遠ざけていれば、自分の人生は間違わないだろうと思ったと、書いていました。偉い人だと思います。

もしできることなら、今でも僧侶になりたいそうです。そして「自己とは何か」を本当に追求したいそうです。そういうところに本川先生の、本当の願いがあるのでしょう。先生は、人間がやることが全部欲だとわかったら、そこからは簡単だと言っています。要するに、それと反対のことをしたらいいだけの話です。清く、正しく、美しくと言うけれども、自分はそれにもう一つ、貧しくを加えて、生きていこうと思ったと書いてありました。清く、正しく、美しく、貧しく、この四つが人生のモットーだそうです。そういう方がおられるのです。

本川先生の本を読んでいると、松原先生を思い出しました。「貧しくあれ」とよく言われました。

本川先生のように、具体的にそういう生き方をされている人もいるのです。結局人間は、世間の欲では絶対に満足しない心があることがわかったのでしょう。だから貧しく生きて、名誉や地位は全部いらない。たまたま東京工業大学の先生になって有名になったけれども、そこに執着は全くないと言われます。本当に自分が願うことは、「命を懸けて生涯ナマコに学んで、それで死んでいけたらいい」と書いておられました。人間には世間のものでは決して満足しない心があると、わかっておられるのでしょう。

私たちには、そういうことを教えてくれる教えもあり、私たちに先立って教えを生きた先輩もいます。そして私たちの中にある世間では絶対に満足しない心を、善知識が如来の本願として引っ張り出してくれます。その如来の願心こそ、「金剛心」と言うのです。具体的には先生が仰るように、清く、正しく、美しく、貧しく、ということでしょう。世間の価値観や、「異見・異学・別解・別行」（『真宗聖教全書』一・五三八頁）に決して迷わされない心です。だから十四首目から十六首目では、ずっと「金剛心」が出てきます。そしてそれを生きようとするものを「真仏弟子」と呼ぶのです。

さて次の十七首目の和讃は、次のように詠われます。

十七　真実信心えざるをば
　一心かけぬとおしえたり

一心かけたるひとはみな
三信具せずとおもうべし
（『真宗聖典』四九六頁）

これまで詠われた金剛心とは反対に、自力の信心を誡めている和讃だと思います。この和讃は「真実の信心を得ていない者は、一心が欠けていると善導が教えています。ですから、一心が欠けている人は、本願の三信が具わっていないと思うべきです」という意味です。この和讃も『往生礼讃』の文が基になっています。『往生礼讃』では『観経』の「至誠心・深心・回向発願心」が述べられた後、次のように言われます。

この三心を具して、必ず生を得るなり。もし一心少けぬれば即ち生を得ず。『観経』に具に説くがごとし。応に知るべし。
（『真宗聖教全書』一・六四九頁）

ここに、「もし一心少けぬれば即ち生を得ず」という文があります。『往生礼讃』の文の「一心」は、「至誠心・深心・回向発願心」の中の一つという意味でしょう。しかし、親鸞は、

一心かくるというは、信心のかくるなり。信心かくというは、本願真実の三信のかくるなり。

『観経』の三心をえてのちに、『大経』の三信心をうるを、一心をうるとはもうすなり。このゆえに『大経』の三信心をえざるをば、一心かくるともうすなり。この一心かけぬれば、真の報土にうまれずというなり。

（『真宗聖典』五五七頁）

と述べるように、「一心」は信心であり、信心を欠くことを「本願真実の三信のかくるなり」と確めています。ですから、和讃の「一心」も信心を表しているのです。一切衆生が究極的に求めているものこそ往生浄土ですから、自力の信心を離れて、先の金剛の信心に立てと誡めているのです。

さて、次の和讃三首は、次のように詠われます。第十八、第十九の二首は、金剛の信心によって称えられる念仏の利益が詠われたものです。それに対して第二十の和讃は、自力の雑縁によって一乗真実を失うと誡められています。

十八　利他の信楽うるひとは
　　願に相応するゆえに
　　教と仏語にしたがえば
　　外の雑縁さらになし

十九　真宗念仏ききえつつ
一念無疑なるをこそ
希有最勝人とほめ
正念をうとはさだめたれ

二十　本願相応せざるゆえ
雑縁きたりみだるなり
信心乱失するをこそ
正念うすとはのべたまえ

（『真宗聖典』四九六頁）

まず第十八首目の和讃は、「他力の信心を得た者は如来の本願に相応して、釈迦諸仏の教えに従うので、自力の雑縁に迷わされることはない」と詠われます。第十九首目は、「真宗の念仏を聞信して、一念の疑いのない人を希有最勝の人と褒め、正しい信心を得たものと定めました」と詠われます。第二十首目の和讃は、「如来の本願に相応していないから、自力雑修の縁に迷わされます。それによって信心を失うから、善導は正念を失うと教えています」と、詠われます。

最初に詠われる第十八首目の和讃も、『往生礼讃』の文によっていますが、それは次の文です。

もし能く上のごとく念念相続して畢念を期とする者は、十は即ち十ながら生じ、百は即ち百ながら生ず。何を以ての故に、外の雑縁なし、正念を得たるが故に、仏の本願と相応することを得るが故に、教に違せざるが故に、仏語に随順するが故なり。

（『真宗聖教全書』一・六五二頁）

この文に、専修念仏によって必ず往生するのは、四つの徳を得るからであると説かれます。それは次の、㈠正念を得て他の雑縁がない、㈡仏の本願と相応する、㈢釈尊の教えに違わない、㈣仏語に随順すると、この四つが挙げられます。親鸞は、初めの㈠を一句と四句に分けて詠い、㈡㈢㈣を二句と三句でまとめて詠っています。

またこの和讃ですぐに思われるのは、「三遣・三随順・三是名」（『真宗聖典』四四〇頁）です。親鸞は『愚禿鈔』で、「散善義」の文に依ってこの三つを挙げて、真仏弟子を明らかにしていますが、ここではその「散善義」のもともとの文を挙げておきます。

また深信する者、仰ぎ願わくは一切の行者等、一心にただ仏語を信じて身命を顧みず、決定して行に依って、仏の捨てしめたまうをば即ち捨て、仏の行ぜしめたまうをば即ち行ず、仏の去てしめたまう処をば即ち去つ。これを仏教に随順し、仏意に随順すと名づく、これを仏願に随順すと名づく、これを真の仏弟子と名づく。

（『真宗聖教全書』一・五三四頁）

この善導の文では、「これを仏教に随順し、仏意に随順すと名づく」と、仏教・仏意をひとまとめにして、「これを仏願に随順すと名づく」と、「仏願に随順す」一つで受けています。これで明らかなように、真の仏弟子の最も根源的な根拠は、仏願に随順することです。阿弥陀如来の本願に帰依するから、釈迦・諸仏の教えにしたがうことができるのです。善導は「これを真の仏弟子と名づく」と言っています。おそらく、この「散善義」の文と先の『往生礼讃』の意を取って、

十八　利他の信楽うるひとは
　　願に相応するゆえに
　　教と仏語にしたがえば
　　外の雑縁さらになし
（『真宗聖典』四九六頁）

と、親鸞が詠ったのだと思われます。

一つ飛ばして、第二十首目の和讃に移ります。先の『往生礼讃』の文では、そのすぐ後に専修の徳に対して自力の雑修によれば十三の徳が失われるとして、次のように説かれます。

もし専を捨てて雑業を修せんと欲する者は、百は時に希に一二を得、千は時に希に三五を得。何

を以ての故に、いまし雑縁乱動す、正念を失するに由るが故に、仏の本願と相応せざるが故に、教と相違せるが故に、仏語に順ぜざるが故に、係念相続せざるが故に、（後略）

（『真宗聖教全書』一・六五二頁、後略筆者）

後の八失は省略しますが、このように雑修の十三失が述べられています。親鸞はこの文の「雑縁乱動す、正念を失するに由るが故に、仏の本願と相応せざるが故に」によって、二十首目の和讃を、

二十　本願相応せざるゆえ
　　雑縁きたりみだるなり
　　信心乱失するをこそ
　　正念うすとはのべたまえ

（『真宗聖典』四九六頁）

と詠うのだと思われます。

このように十八首目と二十首目の和讃は、他力の信心の徳と失とが、『往生礼讃』の文章によって詠われますが、真ん中にある第十九首目の和讃は、『観経疏』の「散善義」の文章によっていると思われます。親鸞はこの文を真仏弟子釈に引用しますので、それを挙げておきましょう。

三つには、もしよく相続して念仏する者、この人ははなはだ希有なりとす、さらに物としてもってこれに方ぶべきことなきことを明かす。かるがゆえに「芬陀利」を引きて喩とす。「芬陀利」と言うは、「人中の好華」と名づく、また「希有華」と名づく、また「人中の上上華」名づく、また「人中の妙好華」と名づく。この華あい伝えて「蔡華」と名づくる、これなり。もし念仏の者は、すなわちこれ人中の好人なり、人中の妙好人なり、人中の上上人なり、人中の希有人なり、人中の最勝人なり。

（『真宗聖典』二四八～二四九頁）

ここに、「もしよく相続して念仏する者、（中略）人中の希有人なり、人中の最勝人なり」と、和讃に詠われる言葉が出てきます。これは真仏弟子を誉めている引文ですから、十九首目の和讃も、真仏弟子を背景に詠われた歌であると思います。

ここに詠われる三首も先の金剛心のところと同じように、専修の徳と雑修の失とで詠われていますが、その背景には、真の仏弟子が憶われながら詠われているところです。

1、信は願より生ず

さて次の四首も、まず第二十一首目で本願の信心の最も大きな利益を詠い、それに反する疑謗の過失を誡める和讃が、三首続きます。その和讃を見てみましょう。

二十一　信は願より生ずれば
　念仏成仏自然なり
　自然はすなわち報土なり
　証大涅槃うたがわず

二十二　五濁増のときいたり
　疑謗のともがらおおくして
　道俗ともにあいきらい
　修するをみてはあたをなす

二十三　本願毀滅のともがらは
　生盲闡提となづけたり
　大地微塵劫をへて
　ながく三塗にしずむなり

二十四　西路を指授せしかども

自障障他せしほどに
曠劫已来もいたずらに
むなしくこそはすぎにけれ

（『真宗聖典』四九六～四九七頁）

第二十一首目の和讃は、「衆生の信心は弥陀の本願から生ずるので、願力によって仏に成ることは自然です。生まれる浄土は願に酬報された土ですから、そこで無為自然の大涅槃の覚りを得るのは必然です」と詠われます。それに対して二十二首目の和讃は、「五濁の世の末法になると、本願を疑い誹謗する者が多くなります。そうなると、僧俗ともに自宗を是とし、他宗の修行を妨害することになるのです」。さらに二十三首目では、「本願を謗り滅ぼそうとする者は、真実に目を背けた闡提と名づけます。永劫の時を経ても、地獄・餓鬼・畜生の迷いを超える手立てはないのです」。次の二十四首目は、「西方浄土を教えられても、自らを障ぎり、他人をも障ぎり乱して、久遠劫より未来にわたって、生死の迷いに沈むのです」と、疑謗の過失が三首も続けて詠われます。

はじめの二十一首目の和讃に、「念仏成仏」という大切な言葉が出てきます。これはもともと善導の後身と尊敬を集めた法照の、「念仏成仏はこれ真宗なり」から取ったものです。しかし親鸞は『入出二門偈』の善導の箇所では、最初に次のように述べています。

善導和尚義解して曰わく、念仏成仏する、これ真宗なり、
すなわちこれを名づけて一乗海とす、すなわちこれをまた菩提蔵と名づく。

善導禅師　光明寺

（『真宗聖典』四六六頁）

このように親鸞は、もともとは法照の言葉を、善導の言葉として了解しています。それは法照が独自の了解を述べたのではなく、善導の真意を取った言葉であると見たからでしょう。

この善導和讃の第十一首目の「願力成就の報土には」のところでも述べたように、善導は「報仏・報土」を説いていました。そこでも「今既に成仏したまえり。即ちこれ酬因の身なり」と、阿弥陀如来は法蔵菩薩の本願が酬報された身であると言っていました。親鸞は「信は願より生ずれば」から二十一首目の和讃を始めるように、衆生の信心は法蔵菩薩の願心そのものですから、他力の信心を因として、願力自然の道理によって果の仏に成ることは必然です。このような善導の真意を法照が「念仏成仏はこれ真宗なり」と言ったのですから、親鸞は、法照の言葉であっても善導のところに返して了解したのだと思います。

このように見てきますと、「念仏成仏」を成り立たせるためには、「信は願より生ず」ということがいかに大切かがわかります。親鸞は『教行信証』「信巻」の「別序」に、

それ以みれば、信楽を獲得することは、如来選択の願心より発起す、真心を開闡することは、大聖矜哀の善巧より顕彰せり。（『真宗聖典』二一〇頁）

と、二尊の善巧によって、衆生の信心が如来の願心より発起することを、教えられたと言います。これは言うまでもなく、「三心一心問答」が背景にあるのですが、信心と願心が同質であると尋ね当てたこの問答が、親鸞独自の発揮なのです。ここに内因としての『大経』の信心に立った、親鸞独自の了解があります（『高僧和讃講義』第二巻・曇鸞和讃第五講参照）。「念仏成仏これ真宗」が、なぜ衆生に実現するのかを推究し尽くして、その本願の道理を「三心一心問答」として公開したのです。七祖も明確にしていない了解ですが、それを『大経』の本願力回向として確定していくのが、親鸞の『教行信証』です。

2、法執を超える

さて、この後の第二十二から二十四首目の和讃はいずれも、念仏成仏が自然なのは、本願より発起した信心が可能にするのですから、反対に本願を疑い誹謗してはならないと、親鸞が歎異している和讃です。二十二首目では仏教間や他の宗教間で争うことが教誡されています。末法の五濁悪世に在って、本願を信じないということは、結局は自己主張しか残りません。たとえ宗教に帰して我執を超えたとしても、それが法執に代わって、自分の立っている宗教を絶対化して他宗を妨害することになります。親鸞は、それを歎異しているのです。

世界の宗教の中で、この法執を超えることを目標にしているのは、大乗仏教だけです。自分の宗教を絶対化して、自爆テロなどで危害を加えるなんて、仏教の智慧で見れば迷いに決まっています。それをどう超えるのかは、他の宗教の重要な問題です。

浄土教ではこの法執の問題が、第二十・植諸徳本の願に托されているのだと思います。たとえ回心して浄土教に帰依したとしても、宿業の身は残って命終わるまで自己執着の身は消えません。ですから、難思議往生という念仏生活においては、常に無意識の自己執着が頭をもたげて、それとの戦いになります。しかし本能的な無明煩悩は、とうてい人間の手には負えません。

如来はすでにそれを見抜いていて、「もう人間のほうから仏に成ろうとすることは止めなさい。それは如来の仕事まで盗もうとすることですから、苦しみ以外に何もないでしょう」と、徹底的に群萌の一人に返すのです。その上で、一切衆生を救うのは如来の仕事ですから、植諸徳本の身のままで「果遂せずんば、正覚を取らじ」（『真宗聖典』一八頁）と、第十八願の絶対他力の世界に包み込んで救うのです。このように、第二十願に果遂の誓いの意味を托して説きます。ここに『大経』の群萌の救いが完成するのです。親鸞はその如来の大悲に感動して、三願転入で、しかるにいま特に方便の真門を出でて、選択の願海に転入せり、速やかに難思往生の心を離れて、難思議往生を遂げんと欲う。果遂の誓い、良に由あるかな。

（『真宗聖典』三五六頁）

と表明して、果遂の誓いの第二十願への目覚めは、そのままで第十八願の救いと重なっていて、宿業の身のままで第十八願の仏天を、手放しで仰ぐ者になることが表明されています。ですからその謝念を込めて、「果遂の誓い、良に由あるかな」と、第二十願を讃仰するのです。その主体は、第二十願の機へと徹底された宿業の身そのままですから、第十八願の往生は「難思議往生を遂げんと欲う」と、衆生の意欲として表明されるのです。機は第二十願の身ですが、志願は第十八願です。親鸞は、そこに群萌をそのまま救い取る如来の大悲を、感佩しているのです。

このように聖道門も浄土門も、僧俗ともに自力の身のままで救い取るのは阿弥陀如来の本願力しかありません。この本願の救いに立って、無意識の本能的な自力まで許し合っていく、そこに宗派間の諍いを超えていく道があるのでしょう。

法然は『観経』に立って、聖道門を廃して浄土門を立てる、廃立という方法を採ったために、聖道門の怒りを買い法難にまで至りました。親鸞はその反省を踏まえて、『教行信証』では隠顕という方法を採ります。『観経』は顕の義では、定散二善・三福・九品を説いて自力無効を知らせ、彰隠密の義では弥陀大悲の本願に導くのです（『真宗聖典』三三一頁）。親鸞はその本願の大悲に立って、聖道門をはじめとする自力の僧俗をともに包んで本願に目覚めよと、この第二十二首目の和讃で歎異しているのです。

3、「信巻」の謗法・闡提

次の第二十三首目の和讃には、一闡提が歎異されています。親鸞は「信巻」の真仏弟子釈の悲歎述懐の後、『涅槃経』を長く引いて一闡提の問題を展開します（『真宗聖典』二五一～二七一頁）。その後、五逆と誹謗正法の問題が、曇鸞の八番問答と善導の抑止文によって展開され（『真宗聖典』二七二～二七六頁）、善導の『法事讃』の、「仏願力をもって、五逆と十悪と、罪滅し生を得しむ。謗法・闡提、回心すればみな往く」（『真宗聖典』二七七頁）という文で締め括られます。

浄土真宗が、誓願一仏乗を証明しなければ大乗仏教でなくなります。そのときに、仏道から除かれる五逆と誹謗正法と一闡提が一番の問題になります。これがどのように救われるのかを証明して、大乗仏教たり得るのです。それが本願力によってのみ救われることを証明するのが、「信巻」の悲歎述懐以降です。ですからここは、『歎異抄』で言えば第三条の悪人成仏に相当するところと、見ることができます。

真の仏弟子といえば、大乗仏教の常識では、金剛心を獲得した八地以上の菩薩のことを指します。ところが浄土教では、真の仏弟子の実相は謗法・闡提であることが、聖道門との決定的な違いです。

そうでなければ、一仏乗は名ばかりになるからです。それをどうしても、明確にしておかなければなりません。そのために親鸞は、真仏弟子釈の最後に悲歎述懐を置いて、その後に謗法・闡提の救いを開設しているのです。

ですから、その最後が善導の『法事讃』の文、つまり「謗法・闡提、回心すればみな往く」で完結してくれれば意図も明確で、実にすっきりするのです。ところがその後になぜか、小乗の五逆と大乗の五逆とが長々と挙げられて、結釈もされないままに「信巻」が終わります。その文の中身は嫌になるほど生々しくて、「殺す」とか「犯す」とか「盗む」という言葉で埋められているのです。せっかく回心して救われたのにまた逆戻りしたようで、しかもそれまでの結釈もないまま終わるのですから、読むほうとしては消化不良になって、「信巻」が欲求不満のまま終わる感じになります。

しかし、繰り返し拝読している間に、私は、そこに大切な意味が托されていると思うようになりました。親鸞は、この文こそが真の仏弟子としての我が実相であると言っているのでしょう。「信巻」だけに結釈がないのは、親鸞の実相の身から『教行信証』の各巻へと、展開していくからではないでしょうか。

実に生々しい罪を犯して生きる実業の凡夫であり、絶対に救われない身だからこそ、浄土から還相した大聖釈尊の『大経』の本願の教えにすがるしかないと、「教巻」に展開します。一切の行が自力の雑行に転落して往生は不可能ですから、本願力回向の南無阿弥陀仏しかないと、「行巻」に展開します。「信巻」は、「総序」に「真宗の教行証を敬信して」（『真宗聖典』一五〇頁）と言うように、「真宗の教行証」が開かれてくる親鸞の立脚地です。その理由から結釈を設けずに、各巻へと展開する形を取っているのです。また、自身の立脚地を明確にするために、「信巻」に「別序」を設けて別解しているのだと思います。「証巻」は、自力の修行による証など虚妄ですから、本願力回向によって開かれる証しかないと、「証巻」に展開するのです。

ですからこの第二十三首目の和讃では、「本願を毀滅してはいけない、たとえ闡提であっても、本願を信じて救われて往け」と教誡しているのだと思われます。

それと同じように第二十四首目の和讃も、疑謗の過失を歎異して、

二十四　西路を指授せしかども
　　自障障他せしほどに
　　曠劫已来もいたずらに
　　むなしくこそはすぎにけれ
（『真宗聖典』四九七頁）

と詠われます。この和讃は、これまでの過失がまるで親鸞自身の過失であるかのように、我が身一つに返して詠われている感があります。ですから最後の和讃で、その我が身を救った弥陀・釈迦の恩徳

に極まっていくのだと思われます。

4、弥陀・釈迦の恩徳

それでは最後の和讃を拝読しましょう。

二十五　弘誓のちからをかぶらずは
　　いずれのときにか娑婆をいでん
　　仏恩ふかくおもいつつ
　　つねに弥陀を念ずべし

二十六　娑婆永劫の苦をすてて
　　浄土無為を期すること
　　本師釈迦のちからなり
　　長時に慈恩を報ずべし

（『真宗聖典』四九七頁）

二十五首目の和讃の意味は、「弥陀の本願力を頂かなければ、いつ娑婆の迷いを出ることができるでしょうか。今、本願に立って仏恩を深く憶い、南無阿弥陀仏を念ずべきです」。最後の二十六首目の和讃は、「久遠劫以来の娑婆の苦を捨てて、無為涅槃の覚りを得る身になったことは、ひとえに釈迦如来の力ですから、永遠にその大慈に感謝すべきです」という意味です。

最後に親鸞は、また二尊の恩徳への謝念を詠います。先の第十三首目の和讃では、

十三　釈迦弥陀は慈悲の父母
　　種種に善巧方便し
　　われらが無上の信心を
　　発起せしめたまいけり
（『真宗聖典』四九六頁）

と、釈迦・弥陀の順になっていました。しかしここでは弥陀・釈迦の順になっています。それは、これまで金剛心による弥陀の救いと、それとは反対の過失を詠ってきましたので、それらすべてを、救主としての弥陀の恩徳として二十五首目に纏めているのでしょう。ところが弥陀の救いといっても、釈尊が浄土の三部経を説いてくださらなかったらありえなかったことですから、二十六首目の和讃では、救主の恩徳を、教主の釈迦の恩徳に返しているのです。善導和讃は最後に、この弥陀と釈迦の二尊の恩徳に極まっていきます。

5、還相する釈迦如来

親鸞の『教行信証』もそれと同じように、二尊の恩徳で貫かれています。『教行信証』は、天親の『浄土論』と同じように『大経』の論書ですので、『浄土論』の中心が「願生偈」であるように、『教行信証』も「正信偈」が中心になっています。「正信偈」は、前半が「依経分」と呼ばれて、『大経』の本願の教えの核心が詠われています。ですから、前半は弥陀の大悲の恩徳が中心に詠われています。それに対して、後半は「依釈分」と呼ばれて、釈尊と七祖の教えが詠われています。ですから、後半は釈尊の恩徳と七祖の恩徳が中心に詠われています。

この弥陀・釈迦二尊の恩徳に絞って詠われた歌が、

五十八　如来大悲の恩徳は
　　身を粉にしても報ずべし
　　師主知識の恩徳も
　　ほねをくだきても謝すべし
（『真宗聖典』五〇五頁）

と、「正像末和讃」の最後に詠われる「恩徳讃」になります。これは親鸞の絶唱ですから、『教行信証』はこの「恩徳讃」に貫かれているのです。

ですから『教行信証』の大切なところには、この二尊教が出てきます。『教行信証』の「証巻」の往相回向の最後、つまり本願力による往相回向の救いが教・行・信・証と説かれたその最後が、二尊教で纏められているのです。「証巻」は浄土の証が、『論註』によって妙声功徳・主功徳・眷属功徳・清浄功徳と説かれますが、それが終わるといきなり『安楽集』の文で、二尊の恩徳が押さえられます。

『安楽集』に云わく、しかるに二仏の神力、また斉等なるべし。ただ釈迦如来己が能を申べずして、故にかの長ぜるを顕したまうことは、一切衆生をして斉しく帰せざることなからしめんと欲してなり。このゆえに釈迦、処処に嘆帰せしめたまえり。須らくこの意を知るべしとなり。

（『聖典』二八三頁）

この文の意味は、「釈迦・弥陀の力は等しいのですが、釈尊がご自分の力を述べないで阿弥陀如来が優れていると説くのは、一切衆生をみな漏れず阿弥陀如来に帰せしめたいからです。このような理由から、釈尊は経典のあらゆるところに阿弥陀如来を説いてくださるのです」。意味は明白ですが、弥陀の救いを説く、釈迦如来のほうに焦点がある文章だと思われます。

この文に続けて、次に善導の文が引用されますが、それも二尊教の文です。

光明寺の『疏』（玄義分）に云わく、「弘願」と言うは、『大経』の説のごとし。一切善悪の凡夫、生を得るは、みな阿弥陀仏の大願業力に乗じて、増上縁とせざるはなしとなり。また仏の密意弘深なれば、教門をして暁りがたし。（中略）釈迦はこの方にして発遣し、弥陀はすなわちかの国より来迎す。彼に喚ばい此に遣わす。あに去かざるべけんや。

（同上、中略筆者）

この文の意味は、「『観経疏』の「玄義分」に、次のように言われています。「弘願」とは『大経』に説かれている通りです。一切の凡夫が往生するのは、すべて阿弥陀如来の本願力に乗托して、それを増上縁にしないことはありません。また釈尊の顕彰隠密の意味は深くて、経典の表向きの意味だけでは、その真意がわかりません。（中略）釈尊は娑婆から発遣し、弥陀は浄土から招喚しています。その二尊の恩徳で、どうして往生しないことがあるでしょうか」。この文も一切衆生の救いは弥陀の本願しかありませんが、それを教える釈尊の善巧方便の教えのほうに、焦点がある文だと思われます。

この後にまた、善導の定善義の文が、次のように引用されます。

また云わく、西方寂静無為の楽には、畢竟逍遥にして、有無を離れたり。大悲、心に薫じて法海に遊ぶ。分身して物を利すること、等しくして殊なることなし。あるいは神通を現じて法を説き、あるいは相好を現じて無余に入る。変現の荘厳意に随いて出ず。群生見る者、罪みな除こる、と。

（『真宗聖典』二八三〜二八四頁）

この文の意味は、「西方浄土は、涅槃寂静の世界で、衆生の分別である有無を離れた境界です。この国に生まれた衆生は大悲を薫らせて、十方の法界に遊ぶがごとく教化に出かけます。いろいろな応化身を現じて衆生を分け隔てなく教化します。ある時は神通力によって法を説き、ある時は三十二相八十好相を現して無余涅槃に入るのを見せ、意のままに数々の荘厳を現して、これを見る群生の罪悪を離れさせるのです」。この文は、先の釈尊の善巧方便が、この世の方策ではなくて、浄土の覚りを得た応化身としてのそれであることを言っている文だと思われます。

このように『教行信証』の往相回向の最後は、釈尊の恩徳に極まっていき、それは浄土から還相した応化身だからできたことであると、確認されています。果たしてこの後は、この釈尊がどうして浄土から還相したのかを表す、還相回向が長く説かれることになるのです。

このように『教行信証』も、阿弥陀如来による衆生の救済が説かれた後が、二尊の恩徳、就中、釈尊の恩徳に返されますので、この善導和讃と軌を一にしているのです。親鸞の著作は、「恩徳讃」に詠われるように、どこでも二尊の恩徳に極まっていきますので、善導が二尊教を説いてくださったことが、いかに大きかったかが窺えます。

これで善導和讃を終えますが、善導の古今楷定としての『観経』の了解、それに伴って二種深信、さらに二尊教、その辺をよく身につけていただければ有難いと思います。

あとがき

本書は、大阪教区准堂衆の方々に、二〇〇九年から二〇一三年までの四年半にわたって講義した『高僧和讃』を、全面的に書き直したものである。一度も休まずに講義を聞いてくださった方も多く、その情熱に支えられての講義であった。聴衆の方々に改めて感謝申し上げることである。

この第三巻目は、道綽と善導の和讃の講義である。師の法然は、もっぱら道綽と善導によって講義をしているので、親鸞も法然の見方に倣いながら両師の和讃をしていると思われる。道綽は当時の中国で吹き荒れた廃仏運動の中で生き抜き、本当に凡夫を救う仏教とは何かを命がけで求めた求道者であった。その求道の末に、曇鸞の碑文によって浄土教に回心した道綽は、一大仏教を聖道門と浄土門とに分けて、末法五濁において凡夫に実現する仏教は、浄土の一門しかないことを明らかにしたのである。つまり教学的に浄土門の独立を宣言したのは、道綽である。

それに対して弟子の善導は、南無阿弥陀仏一つを中心に据えて観経教学を古今楷定し、道綽の立教開宗の理論的な裏付けを果たしたのである。その意味で道綽と善導の子弟の間で、浄土門の独立とその教学的な体系づけは完成していたと考えられる。ただ残念なことに当時の中国においては、歴史的な事実として教団の独立までには至らなかった。

その大きなお仕事を片州濁世の日本において断行したのが、法然であった。したがって法然の浄土宗独立の教学的な背景は道綽・善導だから、法然がもっぱら両師によって講義するのも当然である。その際、道綽は浄土教を立教開宗した祖師、善導は観経教学を大成して浄土教の独立を体系づけた祖師として、道綽・善導を仰ぐのである。

その法然の両師を見る眼差しを継承しながら、親鸞は和讃しているのである。道綽・善導の『観経』によるお仕事をそのまま讃詠する時には、他力の信心を増上縁として表して、外から衆生を救う「乗彼願力」の外縁として讃詠している。それに対して親鸞自身が立った『大経』の眼で讃詠する時には、他力の信心が内に涅槃を開く本願力回向として表していることに、注意する必要があるであろう。本文をお読みいただければ幸いである。

この書が成るに当たり、大部な講義のテープを文章化してくださったのは、大阪教区准堂衆会の稲垣直来氏を初めとする有志の方々である。その情熱とご苦労は筆舌に尽くしがたい、そのご苦労に何とかお応えしなければならないという想いで、老体に鞭打って執筆させていただいたことである。改めて、深い敬意を表すると同時に、ただただ感謝するばかりである。

また全体の内容の相談から校正にいたるまでご尽力を頂いたのは、九州大谷短期大学准教授の青木玲先生である。忙しい中ご苦労頂いた先生に対して、改めて感謝申し上げる次第である。また文章化の細部に至るまで目を配り、校正等の労を取って下さったのは元大谷大学助教の鳴一志氏と中山量純氏である。両氏のご苦労にも謝意を表することである。

また最後になりましたが出版事情の厳しい折に、このシリーズの出版を快くお引き受け下さった方丈堂出版の光本稔社長、並びに丁寧な編集に尽力してくださった上別府茂編集長には、甚深の謝意を表することである。

二〇二〇年　六月

延塚知道　記す

〈著者略歴〉

延塚知道（のぶつか　ともみち）
1948（昭和23）年福岡県生まれ。72年大谷大学文学部卒業。78年大谷大学大学院博士課程単位取得。大谷大学教授、特任教授を経て、現在は同大学名誉教授。文学博士。専門は真宗学。真宗大谷派九州教区田川組　昭光寺住職。主要な著書は、『教行信証―その構造と核心―』（法藏館、2013年）、『浄土論註の思想究明―親鸞の視点から―』（文栄堂、2008年）、『他力を生きる―清沢満之の求道と福沢諭吉の実学精神―』（筑摩書房、2001年）、『歎異抄の世界（シリーズ親鸞　第七巻）』（同、2010年）、『無量寿経に聞く・下巻』（教育新潮社、2016年）、『浄土論註講讃』第一巻～第五巻（文栄堂、2012～2018年）、『高僧和讃講義』（一）―龍樹・天親・曇鸞―（方丈堂出版、2019年）、同（二）―曇鸞―（同、2019年）ほか多数。

高僧和讃講義（三）
―道綽・善導―

二〇二〇年一〇月一〇日　初版第一刷発行

著　者　延塚知道
発行者　光本　稔
発　行　株式会社　方丈堂出版
京都市伏見区日野不動講町三八―二五
郵便番号　六〇一―一四二二
電話　〇七五―五七二―七五〇八
発　売　株式会社　オクターブ
京都市左京区一乗寺松原町三一―二
郵便番号　六〇六―八一五六
電話　〇七五―七〇八―七一六八
印刷・製本　亜細亜印刷株式会社

ISBN978-4-89231-209-0

広島大学仏教青年会110年の歩み
―近代日本精神史の記録―
寺川智祐 編　五、〇〇〇円

江戸 真宗門徒の生と死
大桑 斉　二、二〇〇円

近代真宗教学 往生論の真髄
鍵主良敬　二、三〇〇円

親鸞の往生と回向の思想
―道としての往生と表現としての回向―
長谷正當　二、二〇〇円

今日の因縁【決定版】
曽我量深　一、六〇〇円

他力の救済【決定版】
曽我量深　二、〇〇〇円

曽我量深の「宿業と本願」―宿業は本能なり―
小林光麿　一、〇〇〇円

【既 刊】

高僧和讃講義㈠
―龍樹・天親・曇鸞―
延塚知道　二、二〇〇円

高僧和讃講義㈡
―曇鸞―
延塚知道　二、二〇〇円

【続 刊】

高僧和讃講義㈣
―源信・源空―
延塚知道　定価未定

価格は税別

方丈堂出版/オクターブ